La vida secreta de Jesús

La vida secreta de Jesús

Athanasius Nicholae

EDITORES MEXICANOS UNIDOS, S. A.

SERIE
RELIGIÓN

D. R. © Editores Mexicanos Unidos, S. A.
Luis González Obregón 5, Col. Centro.
Cuauhtémoc, 06020, Ciudad de México.
Tels. 55 8967 6101, 55 8967 6103 al 110, 55 8967 6112.
editmusa@prodigy.net.mx
www.editmusa.com.mx

Diseño de portada: Jorge Miguel Martínez Padilla
Formación y corrección: Equipo de producción de Editores Mexicanos Unidos, S. A.

Miembro de la Cámara Nacional
de la Industria Editorial, Reg. núm. 115

Reimpresión 2022

ISBN (título) 978-968-15-2309-1
ISBN (colección) 978-968-15-0801-2

978-968-15-2309-1

9 789681 523091

Impreso en México
Printed in Mexico

Presentación

Una de las presencias más complejas en la historia de la humanidad durante los últimos 2,000 años de civilización ha sido, es y sin duda continuará siéndolo por muchos años, tal vez cientos, la figura de Jesús, el Salvador, fundador del cristianismo, cuya vida y hechos han trascendido las limitaciones espacio-temporales de la historia y de la leyenda, y constituye todavía en nuestros días una gran presencia en que coinciden con fuerza la devoción y el mito; la ficción y la la realidad; el misticismo y el fanatismo.

Nadie como Él ha sido capaz de conmover, de sacudir la conciencia de una humanidad siempre ansiosa de encontrar la solución a los complejos problemas de la existencia. Su vida ha transitado de la sencillez fervorosa puesta por escrito por sus discípulos en los evangelios canónico-sinópticos hasta la complejidad impenetrable, inescrutable del mito y del misterio, expresados por enigmas que, a pesar del tiempo transcurrido, aún no han sido resueltos; siguen a la espera de los ávidos y pacientes buscadores de la verdad que sean capaces de armar este arduo y complejo rompecabezas. De Jesús puede decirse, en parangón casi exacto con Dios —para los cristianos Jesús y Dios son uno mismo—, que está en todo lugar, pero no se le puede ver ni tocar, sólo sentir con la pasión que únicamente es capaz de propiciar el corazón; o imaginar, gracias a la habilidad casi infinita de la imaginación puesta en juego por la mente y el pensamiento.

Tal vez Jesús haya sido y sea el personaje más leído e invocado en los últimos 1,700 años en occidente. A partir del año 324, a causa del Concilio de Nicea, su figura y su presencia comenzaron a transitar por un camino lleno de complejidades que hasta nuestros días de racionalidad desafía la misma razón por cuanto en Él se funden el mito, la referencia histórica, poética y esotérica; se confunden en un mar de postulados, cuya vitalidad, no obstante el tiempo transcurrido, sigue vigente.

¿Por qué sigue fascinando la figura de Jesús en nuestros días, en que incluso algunos lo han llegado a considerar como el producto más elaborado y satisfactorio desde el punto de vista de la mercadotecnia? Porque de una manera sencilla y sin complejidades, por encima de todas las maneras de expresarlo y sentirlo, representa la salvación y la liberación del alma en su encuentro con el espíritu; porque todas las ideas, postulados y conceptos emanados a partir de su figura y presencia histórica han servido para modelar una de las religiones más conocidas, tal vez la que ocupa el segundo o tercer lugar en el mundo, detrás, por ejemplo, de los mil millones de fieles que tiene en este momento la religión islámica, que ha sido considerada de manera unánime como la religión de mayor crecimiento, al menos en los últimos 50 años de historia en el mundo.

El cristianismo aglutina a unos seiscientos millones de fieles en el planeta, de los cuales, cuatrocientos millones se encuentran entre los habitantes del mundo hispano. El cristianismo representa un punto importante para la vida de muchas personas porque permite una dinámica individual y social que todavía en nuestros días es capaz de ejercer una poderosa influencia entre los diversos componentes de un Estado y de una sociedad; porque todavía estimulan conductas masivas que continúan impactando por su dinamismo y penetración, como lo podemos apreciar en la celebración de las festividades de la llamada Semana Mayor o Semana Santa, que cada año en la liturgia cristiana rememora la pasión y la muerte de Jesús.

De manera que el catolicismo, la parte más conocida del cristianismo, reúne fieles que en nuestros días representan la parte más viva y dinámica de una religión, cuyo fundador expresó una realidad que sigue inmersa en el ánimo y el carácter de muchas sociedades e individuos, desde, por lo menos, los primeros tiempos del cristianismo.

Jesús representa la posibilidad de una transformación a partir de la soledad ecuménica del individuo, de aquellos que buscan respuestas que vayan más allá de la inmediatez existencial y de los cartabones materialistas que, por desgracia, han atrapado la conciencia del hombre occidental, al menos en los últimos 70 u 80 años, cuando Occidente descubrió la posibilidad de atraparse a sí mismo a través de un mar de objetos inasibles y profundamente lacerantes. ¿No es absurdo constatar, por ejemplo, que un simple partido de futbol tenga más penetración o importancia que una reunión familiar o una obligación ciudadana, incluso urgente? ¿O que un automóvil o una prenda de vestir sirva para hacernos menos como individuos y como sociedad?

Por ello, en medio de este mar del absurdos, la figura de Jesús y el catolicismo se yerguen como un gran faro que jalonea la conciencia, más allá de los límites de la mesura.

Descubrimos a un Jesús que la mayoría de sus fieles, a lo largo de los siglos, nunca aprendieron a conocer a fondo; no supieron de Él nada más allá de las vicisitudes del dogma de la verdad que sirvió para cegar vidas en los periodos más nefastos de la historia religiosa de Occidente, historia que frecuentemente olvidamos frente a los desatinos actuales de fanatismo y que tiene nuestro planeta al borde del colapso.

Así, Jesús se presenta todavía en nuestros días rodeado de un aura de misterio y sugerencia para saber qué es lo que en realidad se esconde entre las palabras y las afirmaciones de su presencia, que fueron forjando su historia, una historia que nació y creció al amparo del mito y de la leyenda acrisolados a lo largo de los siglos. Puede decirse que Occidente caminó del brazo de esta figura desconcertante y de la religión por Él fundada, en un periplo que hasta el presente sigue ofreciendo, más que todo, esperanza y aliento; por lo cual su figura y su catolicismo todavía significan una alternativa para el hombre agobiado en nuestros días, inmerso en un mundo no menos convulso que busca respuestas que se alcen por encima de este paraje de desolación y desconcierto en que este Jesús, más allá del mito, se yergue apuntalado por su palabra y la esperanza que todavía alienta en el ánimo y la conciencia de quien sigue buscando esa verdad aún dormida; la que yace en las cavidades profundas y difíciles de encontrar de nuestra propia existencia. Jesús se presenta, al igual que desde el principio, como un misterio, un milagro de amor para quienes anhelan encontrar una respuesta más allá de las limitaciones propias.

Así, este libro trata de expresar, no a partir de la vieja ruta conocida que nos ha hablado sobre la vida de Jesús, ni desde la palabra consagrada por el paso de los siglos y la costumbre religiosa, sino mediante la palabra, que la figura de Jesús es aún terreno ignoto porque ha permanecido vedada; primero por la rigidez y la intransigencia de los guardianes celosos del dogma y, segundo, por la rigidez que le da a las cosas el paso del tiempo cuando estas han permanecido inamovibles y que derivan en una inactividad que petrifica al alma, porque esta cree que sólo basta la superficialidad de un enunciado avalado por un lenguaje cualquiera.

Por ello, trataremos de mostrarle al lector que la figura de Jesús rebasa (para nosotros) la estrechez de la seguridad del dogma inamovible y que desde sus mismos orígenes se irguió por sí como una figura fascinante en más de un sentido, como una presencia que rebasó los límites de lo conceptual y se sumergió en las profundidades de lo misterioso. Invitamos al lector a que se aventure con esta lectura que, estamos seguros, le va a provocar una curiosidad benéfica para indagar, por ejemplo, más acerca de nosotros mismos, porque también somos, por así decirlo, ese Jesús sugerente que aguarda para ser descubierto.

El Jesús que conocemos

El Jesús más conocido fue y es postulado por un conjunto de escritos conocidos desde hace casi 2,000 años como los Evangelios. Quizá resulte provechoso para el lector que revisemos el significado de la palabra "evangelio" desde el punto de vista etimológico. Proviene del griego *eu,* que significa "bueno", y *aggelos,* que significa "mensajero", por lo tanto, la palabra en sí significa "mensaje o mensajero bueno", y mediante el uso común se transformó en "la buena nueva" y "verdad indiscutible". Desde el punto de vista religioso, los Evangelios narran la vida, doctrina y milagros de Jesús, que fueron relatados por los cuatro evangelistas: Marcos, Mateo, Lucas y Juan, cuyos textos constituyen lo que el dogmatismo cristiano ha denominado *El Nuevo testamento,* como continuación, y para muchos contraposición, al llamado *Viejo Testamento.* El *corpus* completo de la Biblia lo constituyen el Viejo Testamento, los cuatro Evangelios, los Hechos de los Apóstoles, las Epístolas o Cartas de san Pablo y el llamado Apocalipsis o revelación de san Juan Evangelista. La Biblia es el libro más conocido en el mundo, al menos en los últimos 1,500 años.

De entrada ponemos sobre aviso al lector de que, no obstante su solidez aparente, es y continuará siendo motivo de largas y a veces infinitas discusiones, por lo que le rogamos paciencia e indulgencia al presentar nuestros particulares puntos de vista, sin el ánimo de herir ni de lastimar, pero sí al menos de incitar la curiosidad, más allá de las limitaciones canónicas y conceptuales del catolicismo reinante en nuestros días de dificultad y crisis.

Fue gracias a la fuerza histórica generada por estos documentos, a lo largo de los siglos, primero mediante los llamados concilios, consejos o reuniones canónicas, que desde los primeros tiempos del cristianismo sirvieron para establecer los principales dogmas de la religión cristiana, y luego, una vez construido el edificio eclesiástico siglos después por la palabra del Papa, a quien se le considera como el representante de Jesús en la Tierra. Es su intermediario. Es la figura más importante después de la de Jesús para el cristianismo, porque simboliza a su vez a san Pedro, considerado el jefe de los 12 apóstoles o discípulos de Jesús, quienes conformaron el primer círculo de personas que tuvieron contacto con el Maestro. Tanto los concilios históricos como el papado han señalado de manera decisiva que los únicos documentos válidos desde el punto de vista dogmático, canónico y hagiográfico son los Evangelios porque testimonian y dan fe de la vida de Jesús; por eso son llamados desde el Concilio de Nicea, en el año 324, "sinópticos", término que proviene de la palabra "sinopsis" o "compendio de datos"; en este caso, porque estos Evangelios compendian la vida de Jesús. Tenemos entonces, por definición, cuatro evangelios sinópticos aceptados por la ortodoxia católica, pero curiosamente no son los únicos. Tal vez esto produzca extrañeza en aquellos que creían firmemente sólo en existencia de este *corpus* conocido como Nuevo Testamento.

En efecto, desde la misma época de Jesús existieron al menos entre 80 y 120 evangelios conocidos como apócrifos, atribuidos tanto los discípulos de Jesús como a individuos cercanos al primer círculo que lo rodeó y que, como dijimos, eran los 12 apóstoles. Hay quienes afirman que incluso eran muchos más, pero en la actualidad se conocen cerca de 80 evangelios, los cuales fueron descartados por el clero reinante en el famoso Concilio de Nicea y que fue el que puso las bases del catolicismo, tal y como ahora lo conocemos.

Versión oficial de la vida de Jesús

De acuerdo con diferentes documentos históricos se ha confirmado que a finales del siglo I a. C. se había profetizado la llegada del Mesías prometido, aquel que habría de redimir al género humano. Esta tradición se encontraba presente en todos los pueblos paganos de Oriente medio. Y esa convicción también estaba arraigada entre el pueblo judío, pues los profetas indicaban, no sólo las circunstancias del nacimiento, la vida y la muerte del Mesías, sino hasta la familia de la cual habría de nacer y el tiempo en que debía aparecer. Por ello, Abraham, Isaac y Jacob recibieron de Dios la seguridad de que todas las naciones de la Tierra serían benditas por Aquel que nacería de su linaje. Sin embargo, ellos no fueron los únicos que recibieron aquella noticia, ni eran sólo ellos los que esperaban su realización. En siglos posteriores, los profetas Isaías, Malaquías, David y Miqueas anunciaron que el Mesías habría de nacer de una virgen de la familia de David, en la pequeña población de Belén; que unos reyes extranjeros habrían de rendirle tributo y adoración; y que tendría un precursor, que sería profeta y realizaría numerosos milagros. También habían anunciado que entraría en Jerusalén montado en una burra y que uno de sus discípulos habría de traicionarlo a cambio de 30 monedas de plata.

Todo se había predicho, incluso las circunstancias más importantes de su pasión, como la de ser escarnecido, abofeteado y sus carnes rasgadas y sangradas hasta descubrir sus huesos, que le agujerearían las manos y los pies, que Él moriría por los pecados de los hombres, que su cuerpo no sufriría la corrupción en el sepulcro, sino que saldría de este vivo y glorioso y que, finalmente, habría de subir a los cielos. Estaba anunciado, asimismo, que habrían de pasar 70 años desde la reconstrucción de Jerusalén hasta su aparición y nacería en tiempos de paz bajo una monarquía que habría derribado todos los tronos de la Tierra. Y efectivamente, el imperio romano había subyugado a casi todo el mundo conocido en aquel entonces; se gozaba de la paz cuando Jesús vino al mundo.

Con las profecías de su llegada se inició la historia de Jesús el Cristo, el Redentor, el Salvador del mundo, que habría de morir en la cruz para redimir los pecados de la humanidad. Fue durante el reinado de Herodes de Judea; vivía en Nazaret una pareja, Joaquín y Ana, que tenían una hija llamada María, quien estaba casada con José, un modesto carpintero. Cuando llegó el tiempo que se había señalado para la aparición de Jesús, el Señor envió al arcángel san Gabriel para que anunciase a María que ella era la elegida para ser la madre del Mesías. El ángel se le apareció a María saludándola: "¡Dios te salve, María, llena eres de gracia! El Señor es contigo. Bendita tú eres entre todas las mujeres y bendito es el fruto de tu vientre, Jesús". Y enseguida le transmitió el mensaje de Dios: "Concebirás y darás luz a un hijo, a quien pondrás por nombre Jesús", María, sorprendida, escuchó el mensaje y respondió: "He aquí la esclava del Señor; hágase en mí según tu palabra"... y después desapareció el ángel.

Fue entonces cuando se realizó el gran misterio de la Encarnación del Verbo. El ángel también le hizo saber que su prima Isabel estaba próxima a tener un hijo, a pesar de su avanzada edad. María, al saber esto, se trasladó hasta la casa de su prima para felicitarla por el feliz acontecimiento. Isabel fue la madre de Juan el Bautista, y dicen las escrituras que cuando escuchó la voz de su prima María, el niño que llevaba en su seno saltó de gozo y ella pronunció estas palabras iluminada por el Espíritu Santo: "¡Bendita eres entre todas las mujeres y bendito es el fruto de tu vientre! ¿De dónde me viene a mí la dicha de que la madre de mi Señor venga a visitarme?" Entonces María respondió: "Glorifica mi alma el Señor y mi espíritu se llena de gozo en Dios mi Salvador, porque miró la humildad de su sierva y desde ahora me dirán bienaventurada todas las generaciones..."

María regresó a su casa, y en ese tiempo sucedió que el emperador Augusto decidió que debía hacerse un censo de todos los súbditos del imperio romano; para tal causa cada individuo debía registrarse en el pueblo de donde originalmente era su familia. Por este motivo José y María marcharon hacia Belén, mas por su extrema pobreza no encontraron en dónde hospedarse y tuvieron que albergarse en un establo abandonado, cerca de la ciudad. En aquel lugar, casi al aire libre, el 25 de diciembre vino al mundo Jesús, su divino hijo, y después de envolverlo en pobres pañales, María lo acostó en un pesebre.

Mientras tanto, a los pastores que apacentaban a sus rebaños en los alrededores se les apareció un ángel resplandeciente que les dijo: "Vengo a anunciaros una nueva que será motivo de gran alegría para todo el pueblo: es que hoy mismo, en la ciudad de David, os ha nacido un Salvador, que es el Cristo, el Señor. Ved la señal para reconocerlo: encontraréis a un niño envuelto en pañales y acostado en un pesebre".

En aquel momento se escucharon los coros celestiales que entonaban un canto de triunfo: "¡Gloria a Dios en las alturas y paz en la Tierra a los hombres de buena voluntad!" Emprendieron el camino hacia Belén aquellos pastores para contemplar la maravilla que se les había anunciado. Y cuando llegaron ante el Niño dios, lo adoraron postrados y le ofrecieron humildes presentes, mientras glorificaban y alababan a dios Padre por todo lo que estaban viendo y oyendo. Poco después, el Niño Jesús recibió la visita y adoración de los Reyes Magos que venían desde Persia, ofreciéndole ricos presentes de oro, incienso y mirra. Ellos habían seguido una estrella en Oriente para poder llegar hasta Él, pero antes habían llegado a Jerusalén, en donde Herodes, al escuchar que había nacido el rey de los judíos, se llenó de inquietud y astutamente les pidió a los magos que volvieran para informarle dónde estaba e ir él mismo a adorarlo. Sin embargo, los magos no regresaron, pues durante el sueño habían recibido la instrucción de no pasar nuevamente por Jerusalén, ni hablar tampoco con Herodes. Éste, al notar que los Reyes Magos no regresaban, lleno de cólera mandó matar a todos los niños varones menores de dos años en Belén y sus alrededores, por el miedo que le inspiraba aquel niño a quien no conocía. Al enterarse de aquella orden, José y María emprendieron la huida a Egipto. Un ángel les había advertido y les había dado instrucciones para que permanecieran allí hasta que el tirano hubiese muerto.

Al cumplir los ocho días de nacido, Jesús fue circuncidado y María, obediente a las instrucciones que había recibido, púsole por nombre Jesús, que significa Salvador. Cuarenta días más tarde fue presentado al templo de Jerusalén, y allí el santo anciano Simeón lo tomó en sus brazos y, sabiendo por inspiración divina quién era Él, dijo: "Ahora, Señor, ya puedo morir en paz, porque mis ojos han visto al que ha de ser el Salvador de Israel, vuestro pueblo".

Una vez que hubo muerto Herodes, la familia regresó a Nazaret y allí, oscuramente, pasó Jesús su infancia y su adolescencia hasta los 12 años.

A partir de ese momento se hace un vacío, un negro lapso en la vida de Jesús, en el que no se sabe con certeza en dónde estuvo, qué hizo, con quién o quiénes estuvo, si estudió o no. Muchas son las hipótesis que pretenden responder estos cuestionamientos, como se verá en los capítulos siguientes.

Así, Jesús apareció nuevamente cuando contaba ya con 30 años. Poco tiempo antes de que empezara a predicar al mundo sus sublimes enseñanzas, san Juan Bautista, hijo de Zacarías e Isabel, su primo en segundo grado, se encontraba en las orillas del río Jordán para predicar y exhortar a la gente a hacer penitencia. Era tan impresionante su prédica y el ejemplo de su propia vida, que la gente llegaba de toda Palestina, arrepentidos de sus pecados, para recibir de Juan el bautismo de la penitencia, el cual era una ceremonia religiosa en la que se prometía abrazar la vida de penitencia, pero que no quitaba los pecados como el bautismo que instruyó Jesucristo.

Juan sabía que su misión era ser el precursor del Mesías, el que anunciaría su llegada, y por eso decía a los que lo escuchaban: "Yo os bautizo en agua; pero hay en medio de vosotros uno a quien no conocéis: es Él quien debe venir después de mí, es mayor que yo, y yo no soy digno de desatarle las ligaduras de su calzado, y Él habrá de bautizaros con fuego".

Un día llegó Jesús hasta la orilla del Jordán para recibir el bautismo de manos de Juan, y este al verlo dijo: "He aquí el cordero de Dios, que quita los pecados del mundo"; por unos momentos se resistió a bautizarlo, pues se sentía indigno de tal cosa, pero Jesús insistió y entonces Juan no vaciló. Sumergió a Jesús en las aguas del río y al emerger el Salvador los cielos se abrieron y bajó el Espíritu Santo en forma de paloma mientras que una voz desde el cielo decía: "Este es mi hijo muy amado en quien he puesto todas mis complacencias".

Posteriormente, Jesús se retiró al desierto, en donde ayunó 40 días y 40 noches. Allí el demonio lo tentó diciéndole: "Si eres el hijo de Dios ordena que todas estas piedras se conviertan en pan". Jesús le respondió: "Escrito está que el hombre no vive solamente de pan, sino de toda palabra que sale de la boca de Dios". Al escuchar estas palabras, Satanás lo trasladó hasta la cúspide del templo de Jerusalén diciéndole: "Si eres el hijo de Dios, arrójate abajo, porque escrito está: ha mandado a sus ángeles que te guarden y sostengan con sus manos, para que tu pie no tropiece contra las piedras". Pero Jesús le replicó: "También está escrito: no tentarás al señor, tu Dios".

Sin embargo, Satanás todavía llevó a Jesús a las cima de un monte muy alto; desde ahí le mostró todos los reinos de la Tierra en su gloria y le dijo: "Todo esto será tuyo si me adoras". Entonces Jesús volvió a responder: "¡Retírate Satanás!, pues escrito está: adorarás al señor tu Dios y a Él sólo servirás". Vencido finalmente, el demonio huyó y los ángeles se acercaron a Jesús para servirle.

Al terminar su ayuno en el desierto, Jesús partió para dar inicio a su vida pública, recorrió la ciudades y pueblos de

Palestina, en donde pregonaba la "buena nueva que anunciaba la venida del reino de Dios", es decir, el evangelio, y curando a su paso toda clase de enfermedades. Así fue encontrando a sus discípulos, Simón o Pedro, Andrés, Santiago, el mayor, y Juan, que eran pescadores. Y habiéndolos encontrado en la orilla del lago Tiberíades, Jesús les dijo: "Seguidme, que yo os haré pescadores de hombres". Estos dejaron de inmediato las redes y lo siguieron. Mateo era cobrador de impuestos, y al verlo Jesús en su trabajo le dijo simplemente: "Sígueme", y Mateo dejó todo y se fue con él. Los otros apóstoles eran Felipe, Bartolomé, Tomás, Santiago, el menor, Judas Tadeo, Simón el Cananeo y Judas Iscariote, quien después fue remplazado por Matías.

Un día estando Jesús con sus discípulos les preguntó: "¿Quién dice la gente que soy?", y sus discípulos le respondían: "Dicen que eres Elías". Repitió la pregunta y sus alumnos le respondieron de igual manera; entonces Jesús preguntó: "¿Quien decís vosotros que soy yo?"... y Pedro respondió: "Vos, señor, sois el Cristo, el hijo de Dios vivo". "Bienaventurado eres, Simón —replicó Jesús—, porque no te ha revelado esto ni la carne ni la sangre, sino mi Padre que está en los cielos; y yo te digo que tú eres Pedro, y sobre esta piedra edificaré mi iglesia, y las puertas del infierno no prevalecerán contra ella. Y a ti te daré las llaves del reino de los cielos, y todo lo que tú ligares en la Tierra, ligado quedará en el cielo, y todo lo que desligares en la Tierra, desligado será en el cielo."

Así, Jesús, acompañado de sus discípulos, recorrió gran parte de Palestina realizando numerosos milagros, como el de las Bodas de Canaán, en las que transformó el agua en vino; como el de la pesca milagrosa; la multiplicación de los panes; la resurrección del hijo de la viuda de Naim y la resurrección de Lázaro —que fue el milagro que tuvo mayor resonancia entre los muchos que hizo—. Y efectuó muchas curaciones, los enfermos recuperaban la salud al contacto de sus manos; otros, con tan sólo tocar el borde de sus vestidos y muchos otros creyendo en Él, aunque estuviesen lejos de su persona. Daba vista a los ciegos, oído a los sordos y le habla a los mudos; a su mandato los paralíticos caminaban, los posesos o endemoniados quedaban libres de los demonios que los poseían, los muertos resucitaban. Jesús emanaba una virtud que sanaba los cuerpos. De esta manera durante el tiempo que duró su misión, Jesucristo realizó curaciones y grandes milagros, los cuales eran testimonio de lo divino de su misión y su vida.

Jesús dio por terminada su predicación y se dirigió a Jerusalén, en donde debía consumar con su muerte la redención del género humano.

Fue un domingo cuando Jesús entró en Jerusalén montado en una borrica y el pueblo salió a recibirlo con palmas de victoria y cantando "*¡Hosanna!* ¡Bendito sea el que viene el nombre del Señor!". A partir de ese momento se suscitaron hechos como la expulsión de los mercaderes del templo, la conspiración y la traición de Judas Iscariote, la Última Cena, en la cual se instituyó el sacramento de la Eucaristía, la oración en el huerto de Getsemaní, el prendimiento de Jesús y su juicio ante el Sanedrín, donde se le condenó, y luego fue conducido ante Poncio Pilatos, quien como no encontró suficientes causas para darle muerte lo envió a Herodes, quien tampoco encontró razones poderosas para matarlo. Así, Jesús fue enviado de regreso a Pilatos, quien lo hizo azotar mientras la multitud enardecida pedía que lo crucificaran. Luego vino la coronación de espinas; finalmente Pilatos lo mostró al pueblo, que continuaba pidiendo que le matasen; fue entonces cuando hizo traer agua y pronunció aquellas palabras: "Yo soy inocente de la muerte de este justo, yo me lavo las manos". Jesús fue llevado al Calvario cargando la cruz en la que murió crucificado, momento en el que se oscureció el cielo quedando la Tierra sumergida en las más densas tinieblas, se rasgó en dos partes, de arriba hacia abajo, el velo del templo, la tierra tembló y las rocas se abrieron, algunos muertos resucitaron y se dejaron ver en Jerusalén.

Cuando los hombres vieron todos estos prodigios, se llenaron de terror y los soldados y el centurión que estaban encargados de vigilar la cruz del Salvador, llenos de espanto dijeron: "Verdaderamente este hombre era el hijo de Dios". Antes de bajar a Jesús de la cruz, un soldado le abrió el costado con un lanzazo y de su herida brotaron sangre y agua. Su cuerpo fue depositado en una tumba que había dispuesto para tal fin José de Arimatea.

Jesús resucitó al tercer día y fue María Magdalena quien lo vio por primera vez; después apareció durante 40 días a sus discípulos instruyéndolos y dándoles la facultad de absolver y retener los pecados, les indicó que debían predicar los evangelios, ordenó a Pedro como jefe supremo y finalmente subió a los cielos ante los ojos de sus discípulos, en el monte Olivete, en cuya cima se encontraba parado Jesús cuando empezó a elevarse; vieron asombrados cómo dos ángeles vestidos de blanco bajaban y les decían: "¿Por qué miráis a lo alto? Éste Jesús que acaba de separarse de vosotros ha subido al cielo y bajará de la misma manera que lo habéis visto elevarse".

La otra vida de Jesús —Su vida secreta—

De acuerdo con la historia oficial de la vida de Jesús, prescrita por las autoridades eclesiásticas, parecía que todo quedaba muy claro si se aceptaba dicha versión como la única existente; sin embargo, lejos de eso, en realidad han existido y existen todavía numerosos testimonios puestos por escrito, los cuales se consignan en los llamados evangelios apócrifos, redactados en su mayoría por los mismos discípulos y por personajes cercanos al círculo íntimo de los 12 apóstoles de Jesús, como Nicodemo, en los que se da cuenta de aspectos desconocidos, tanto de la vida como de la enseñanza del Divino Maestro. Han llegado hasta nuestros días entre 80 y 120 evangelios, enteros y fragmentados, conocidos con este nombre, porque hasta antes de la disposición oficial de que sólo los cuatro evangelios de Marcos, Mateo, Lucas y Juan serían los únicos aceptados, los otros evangelios eran predicados y aceptados en el seno de las comunidades cristianas durante los primeros 350 años del cristianismo, no dudándose de su enseñanza ni de su valor religioso.

Fue a partir del Concilio de Nicea, en el Asia menor, en el año 324 d. C., bajo la supervisión del emperador Constantino, cuando se tomó la determinación de hacerlos a un lado y aceptar únicamente a los ahora evangelios oficiales, que junto con los Hechos de los Apóstoles, las cartas de San Pablo o

Epístolas y el Apocalipsis de san Juan conforman el *Corpus* doctrinal conocido como Nuevo Testamento, quedando añadido por esta misma disposición institucional religiosa, al llamado Antiguo Testamento, que incluye al Pentateuco, Josué, Jueces, Ruth, Samuel, Reyes, Crónicas, los libros de los profetas, Salmos, Proverbios, Eclesiastés, Cantar de los Cantares, Sabiduría, Eclesiástico, todos pertenecientes en su totalidad a la Tradición Mosaica y que conforman lo que se conoce en nuestros días como la Sagrada Biblia, piedra angular de la religión cristiana.

Según lo que aparece consignado en los evangelios apócrifos —que significa "sin nombre" o "escondido u oculto"— Jesús tuvo una vida secreta que no se relata en ningún otro documento, lo que ha dado origen a muchas especulaciones a lo largo de los siglos para desentrañar este aspecto tan complejo como controversial en la vida del Maestro, y que sigue desafiando el paso de los siglos a la espera de quien, armado de paciencia y sabiduría, puede desentrañar el oscuro enigma que significa esta vida oculta de Jesús y que en primera instancia pareciera obedecer a ciertas determinaciones que se hunden en el secreto y el misterio.

Por ello es importante señalar dos hechos relevantes ocurridos a mediados del siglo XX que vinieron a imprimir todavía más un sesgo misterioso a la ya de por sí enigmática figura de Jesús. Estos hechos iniciaron con el descubrimiento de los célebres rollos del Mar Muerto, en el área de Qumrán, ubicada en el desierto de Judea. En unas cuevas que se encuentran cerca de la orilla del Mar Muerto, a partir de 1946, se descubrieron muchos documentos pertenecientes, presumiblemente, a una comunidad antigua llamada los esenios, comunidad que fue conocida gracias a los testimonios encontrados en las obras del célebre naturalista romano Plinio el Viejo, de Filón el Judío y Flavio Josefo; de este último se dice que incluso perteneció a esta comunidad; todos ellos de manera directa dieron cuenta de sus características y supuestamente estaba emparentada por sus cualidades internas con la de los antiguos pitagóricos. Esta comunidad sólo aceptaba hombres maduros que abandonaban la vida mundana para sumergirse en una vida de respeto, silencio, devoción y estudio para orientarse hacia aspectos más profundos y relevantes.

De entre los documentos descubiertos destaca uno conocido como el documento de Damasco, que hace referencia a un enigmático Maestro de Justicia. Según algunos críticos, las reglas de conducta descritas en este documento se observaban en la misma época en que nació y creció Jesús, infiriéndose además una posible vinculación de la familia del Bautista con esta comunidad; de María y José, padres de Jesús, de los apóstoles que habían sido discípulos del Bautista y de quienes formaron el cristianismo de los primeros tiempos. Todo ello ha hecho pensar que Jesus probablemente perteneció a esta comunidad de tipo monacal.

El otro acontecimiento importante ocurrió en 1948, dos años después, y por la misma zona geográfica, en un lugar de Egipto conocido como Nag-Hamadi, en donde se encontró una biblioteca con documentos pertenecientes a la corriente filosófico-religiosa del gnosticismo, la cual estuvo muy en boga por la época en que había fallecido Jesús, hacia el año 33 de nuestra era. Entre estos documentos se hallaron evangelios escritos por Felipe, por Tomás, amén de otros textos de índole místico-hermético que, por supuesto, incrementaron la polémica que se había iniciado con los descubrimientos de los rollos del Mar Muerto en torno al cristianismo y la figura de Jesús, porque hasta nuestros días siguen provocando muchas inquietudes y controversias que se tratan de dilucidar mediante estos dos apasionantes descubrimientos.

Entre los evangelios apócrifos se encuentra el proto-evangelio de Santiago, donde se relata la concepción de María, su infancia, su pubertad, la designación del matrimonio de la virgen María con José, la anunciación de la concepción del Verbo Encarnado, el reproche de los jueces a José y a María por haber consumado un matrimonio que no debía consumarse; el juicio y la prueba a la que fueron sometidos para demostrar que decían la verdad acerca de la concepción por obra y gracia del Espíritu Santo, el empadronamiento en Belén y el nacimiento del Niño Jesús, la adoración de los Reyes Magos y el castigo a Salomé, la partera que atendió a María en el alumbramiento de Jesús.

En el evangelio del pseudo-Mateo se narra de igual manera la vida de Joaquín y de Ana antes de la concepción de la virgen María, su infancia, su pubertad, el matrimonio con José, la Inmaculada Concepción, el nacimiento de Jesús, la degollación de los Santos Inocentes, la huida de Egipto y una serie de milagros que realizó el pequeño Jesús durante su trayecto a Egipto. El regreso a Judea y los milagros que realizó nuevamente el niño Jesús. En esta serie de prodigios, relatados por el pseudo-Mateo, quien se afirma hijo de José y testigo presencial y directo de la vida de Jesús cuando niño, se cuenta cómo el pequeño Jesús tenía la sabiduría para confrontar a un maestro:

Otra vez el maestro Zaquías, doctor de la Ley, dijo a José y María: "Dadme al niño y le confiaré al maestro Leví, que le enseñará las letras y le instruirá".

Entonces José y María, acariciando a Jesús, le condujeron a la escuela para que fuese instruido por el viejo Leví. Jesús, luego que entró, guardaba silencio. El maestro Leví, nombrando una letra a Jesús y comenzando por la primera, *Aleph,* le dijo: "Responde", pero Jesús calló, entonces el maestro, irritado, cogió una vara y le pegó en la cabeza. Pero Jesús dijo al profesor: "Sabe, en verdad, que el que es golpeado instruye al que le pega, en vez de ser instruido por él".

Pero todos los que estudian y escuchan, son como un bronce sonoro o como un címbalos resonantes, y les falta el sentido y la inteligencia de las cosas significadas por su sonido. Y, continuando Jesús, dijo a Zaquías: "Toda letra, desde la *Aleph* a la *Thau*, se distingue por su disposición". "Dime, pues, primero lo que es *Thau*, y te diré lo que es *Aleph*". Y aún dijo Jesús: "Hipócritas, ¿cómo los que no conocen lo que es *Aleph* podrán decir *Thau*?"

"Di primero lo que es Aleph y te creeré cuando digas *Beth*". Y Jesús se puso a preguntar el nombre de cada letra, y dijo: "Diga el maestro de la Ley lo que es la primera letra, o por qué tiene numerosos triángulos, graduados, agudos". Cuando Leví le oyó hablar así del orden y disposición de las letras, quedó estupefacto. (XX, 1,2.)

Tres veces Jesús fue llevado ante un maestro para que aprendiera las letras; la segunda se menciona también en el mismo evangelio:

> Por segunda vez pidió el pueblo a José y María que enviasen a Jesús a aprender las letras a la escuela. No se negaron a hacerlo, y, siguiendo la orden de los ancianos, le llevaron a un maestro para que le instruyese en la ciencia humana. Y el maestro comenzó a instruirle con un tono imperioso, ordenándole: "Di *Alpha*". Pero Jesús le contestó: "Dime primero qué es *Beth* y te diré qué es *Alpha*". Y el maestro irritado, pegó a Jesús, y, apenas lo hubo tocado, cuando murió. (XXXVIII, 1.)

La tercera vez se consigna también en los evangelios reconocidos y aceptados por la iglesia. El evangelio del pseudo-Mateo lo refiere de la siguiente manera:

> Por tercera vez rogaron los judíos a María y José que condujeran con dulzura el niño a otro maestro, para ser instruido. Y José y María, temiendo al pueblo, a la insolencia de los príncipes y a las amenazas de los sacerdotes, le llevaron de nuevo a la escuela, aun sabiendo que nada podía aprender de un hombre si tenía de Dios una ciencia perfecta. Cuando Jesús hubo entrado en la escuela, guiado por el Espíritu Santo, tomó el libro de manos del maestro que enseñaba la Ley, y en presencia de todo el pueblo, que le veía y oía, se puso a leer, no lo que estaba escrito en el libro, sino que hablaba en él el espíritu del Dios vivo, como si un torrente de agua brotase de una fuente viva, y como si esa fuente estuviese siempre colmada. Y enseñó al pueblo con tanta energía la grandeza de Dios, que el mismo maestro cayó a tierras, y le adoró. Pero el corazón de los que allí estaban, y le habían oído hablar, fue presa del estupor. Y cuando José lo hubo oído, fue corriendo hacia Jesús, temeroso de que el maestro muriese. Y, viéndole,

> el maestro dijo: "No me has dado un discípulo, sino un maestro. ¿Quien sostendrá la fuerza de sus palabras?" Entonces se cumple lo que fue dicho por el salmista: "El río de Dios está lleno de agua. Tú has preparado su nutrición, porque así es como se prepara". (XXXIX, 1, 2.)

En los cuatro evangelios reconocidos y aceptados por la iglesia no se mencionan muchos de estos hechos y milagros que siendo Jesús apenas un niño realizó; sin embargo, los apócrifos lo mencionan con frecuencia y claridad.

Entre los numerosos evangelios apócrifos se encuentra en el evangelio de santo Tomás, el cual ha merecido especial atención; el evangelio árabe de la infancia de Jesús, el evangelio armenio de la infancia de Jesús, el evangelio de Nicodemo, el evangelio de san Pedro, el evangelio de la venganza del Salvador, el evangelio de la muerte de Pilato, el evangelio cátaro de pseudo-Juan; historia copta de José el carpintero y la historia árabe de José el carpintero. También se encuentran escritos que hablan sobre el tránsito de la bienaventurada virgen María; una serie de cartas que se atribuyen a Jesús y el rey de Edesa, Abgaro; el evangelio de Taciano, el evangelio de Ammonio, el evangelio de Valentino, el evangelio según los Hebreos, el evangelio de Felipe, el evangelio de Matías, el evangelio de Bartolomé, el evangelio de Andrés, el evangelio de Tadeo, el evangelio de Cerinto, el evangelio de Bernabé, el evangelio de Judas Iscariote, el evangelio de Eva, el evangelio de Basílides y el evangelio de Bartolomé, entre otros muchos documentos que se han dado a conocer hasta nuestros días, como es el caso de los varios Apocalipsis, escritos no solamente por Juan, sino también por los apóstoles Pedro, Pablo, Tomás, la virgen y san Esteban. La palabra "apocalipsis" proviene del griego *apo*, que significa "separar o añadir a un documento final una información extra", y de *caliptein* que significa "esconder"; por lo tanto, en religión quiere decir propiamente "la manifestación de lo que estaba oculto", es decir, "la revelación".

El Apocalipsis de san Juan se divide en tres partes. La primera tiene siete mensajes dirigidos a las iglesias de Asia (Éfeso, Esmirna, Pérgamo, Thyatira, Sardis, Filadelfia y Laodicea). La segunda parte, propiamente, expresa las visiones que tuvo san Juan desde el punto de vista profético, y conciernen al reino de Cristo y sus decretos divinos sobre el fin del mundo, el juicio de los hombres y la victoria final del bien sobre el mal. La tercera parte desarrolla (en siete fases: un prólogo, cinco capítulos y un epílogo) el poder que tiene Cristo sobre Satanás y su reino. Es en conjunto una obra de profunda belleza y de significados ocultos.

Cabe destacar que la manifestación de la creencia en Dios y en Jesucristo se da por medio de la gran oración que es el "Credo", en el cual se hace mención a la vida y muerte de Jesús; se menciona en un párrafo: "Y descendió a los infiernos", lo que, curiosamente, ninguno de los cuatro evangelios reconocidos y aceptados menciona. Sin embargo, en los evangelios de Nicodemo y Bartolomé se describe con precisión:

> Todos se regocijaron cuando vino Satán, el heredero de las tinieblas y le dijo al Infierno: "¡Oh tú, devorador de todos! Escucha mis palabras: por ahí anda cierto judío, al que se nombra Jesús y que se hace llamar hijo de Dios, mas como es un simple hombre, los judíos le han dado muerte en la cruz, gracias a nuestra cooperación.

"Ahora, ya que acaba de morir, prepárate a recibirle y ponerle a buen recaudo... a mí me causó muchos daños en el mundo mientras vivía con los mortales, pues en cualquier lugar en que encontraba alguno de mis siervos, lo perseguía; a todos los hombres que yo dejaba mutilados, ciegos, cojos, leprosos, llenos de inmundicia y enfermedades, les curaba con tan sólo su palabra, e incluso algunos que yo tenía allá dispuestos para la sepultura, les hacía revivir..."

Replicó entonces el Infierno: "¿Y tan poderoso es este como para hacer tales cosas con su sola palabra? ¿Y, siendo Él así, tú te atreves por ventura a hacerle frente?..." Satán dijo entonces: "¡Oh Infierno, devorador insaciable! ¿Tanto miedo te ha provocado ir a hablar de nuestro enemigo? Yo nunca sentí temor sino que azucé a los judíos y estos le crucificaron y le dieron a beber hiel y vinagre. Prepárate, pues, para que cuando venga, lo sujetes fuertemente..." Pero el Infierno respondió: "Heredero de las tinieblas, hijo de la perdición, calumniador, apenas has dicho que Él tenía el poder de hacer revivir con una sola palabra y si es así, ¿cómo y con qué fuerza seremos capaces de sujetarle nosotros? Así pues, te conjuro que no le traigas aquí. Yo creo que el haberse presentado en nuestra mansión obedece a que todos los muertos pecaron... y ten esto en cuenta, por las tinieblas que poseemos, que, si le traes aquí, no me quedará ni uno solo de los muertos".

Mientras así hablaban Satanás y el Infierno, se escuchó una voz tan fuerte como el trueno que decía: "Elevad, ¡oh príncipe!, vuestras puertas; elevaos, ¡oh puertas eternales! Y entrará el Rey de la Gloria..." Entonces dijo el Infierno a Satanás: "sal si eres capaz y enfréntate a Él —y después dijo a sus demonios—: Asegurad fuertemente las puertas de bronce y los cerrojos de hierro; guardad mis herraduras y examinad todo de pie; pues si entra él aquí, ¡ay! se apoderará de nosotros..." De nueva cuenta se escuchó una voz que decía: "Levantad las puertas".

El Infierno dijo entonces: "¿Quién es este Rey de la Gloria?" Y los ángeles del Señor respondieron a coro: "El Señor fuerte y poderoso, el Señor poderoso en la batalla". Y al conjuro de esta voz, las puertas de bronce se hicieron añicos, y los cerrojos de hierro quedaron reducidos a pedazos, y todos los difuntos encadenados se vieron libres de sus ligaduras, y nosotros entre ellos. Y penetró dentro el Rey de la Gloria en figura humana, y todos los santos oscuros del Infierno fueron iluminados. Y el Infierno gritaba: "Hemos sido vencidos, ¡ay de nosotros! Pero, ¿quién eres tú que tienes tal poder y tal fuerza?, ¿quién eres tú, que vienes aquí sin pecado, el que es pequeño en apariencia y puede grandes cosas, el humilde y el excelso, el siervo y el señor, el soldado y el rey, el que tiene poder sobre los vivos y los muertos? Fuiste crucificado y depositado en un sepulcro y ahora que estás libre has venido a destruir nuestra fuerza. Entonces, ¿eres tú Jesús, de quien nos decía Satanás que por la cruz y la muerte te harías dueño de todo el mundo?…" Entonces, el Rey de la Gloria tomó a Satanás y entregándolo a los ángeles les dijo: "Atadle con delicadeza, la pretensión de matar al Rey de la Gloria te ha provocado tu misma muerte. Y ahora que el Rey de la Gloria me ha dado el cargo de sujetarle fuertemente vas a aprender por tu propia experiencia cuantos males soy capaz de infringirte. ¿Qué habías encontrado de malo en Jesús para buscar su perdición y su muerte?, ¿cómo tuviste valor para perpetrar un crimen tan grande?, ¿cómo se te ocurrió hacerlo bajar a estas tinieblas, por quién te has visto despojado de todos los que habían muerto desde el principio de los tiempos?"

En el evangelio de Bartolomé, el apóstol narra la manera en que después de la resurrección de Jesús, el discípulo menciona: "Tengo algo que decirte, Señor". Jesús le contesta:

"Ya sé lo que quieres decirme. Pregunta pues y yo te daré razón". Bartolomé habló entonces diciéndole:

> Cuando ibas camino de la cruz, yo te iba siguiendo. Te vi pendiente del madero y de los ángeles que bajando de los cielos, te adoraban. Al sobrevenir las tinieblas yo estaba contemplándolo todo. Y claramente vi cómo desapareciste de la Cruz y tan sólo escuché los lamentos y el crujir de dientes que se produjeron en las entrañas de la tierra.

Jesús respondió: "Dichoso tú, Bartolomé, porque pudiste contemplar este misterio. Cuando desaparecí de la cruz, es que bajé al Infierno para sacar de allí Adán y a todos los que con él se encontraban". Bartolomé le dijo entonces al Señor: "¿Y qué era aquella voz que se escuchó?" Jesús le responde:

> Era la voz del Infierno, que decía a Belial: "A mi modo de ver, Dios se ha hecho presente aquí". Y descendí con mis ángeles para romper las puertas de bronce y los cerrojos de hierro, mientras el Infierno continuaba diciéndole al diablo: "Me parece como si Dios viniera a la Tierra". Y mis ángeles clamaban a las potestades diciéndoles: "Alzad ¡oh príncipes!, las puertas y hacer correr los canceles eternales, porque el Rey de la Gloria va a bajar a la Tierra". Mientras tanto, el Infierno volvía a decir: "¿Quién es este Rey de la Gloria que viene del cielo hacia nosotros?...".

De esta manera es consignado en los evangelios apócrifos, tanto de Nicodemo como de Bartolomé, el descenso de Cristo a los infiernos y la caída de Lucifer, temas que, por lo general, no son tratados en los otros evangelios. Esto cubre una de las tantas lagunas que se muestran en la vida, muerte y resurrección de Cristo, que en apariencia no tienen explicación, o fueron descartadas bajo el criterio dogmático de la Iglesia católica desde siglos atrás.

Debemos aceptar entonces que la vida de Jesús ofrece amplias lagunas documentales e informativas, las cuales se hacen evidentes en el periodo más oscuro y desconocido de su vida, que es el que transcurrió de los 12 años hasta su aparición pública al cumplir los 30, lapso del cual se carece de información alguna, a excepción de unos documentos dados a conocer por el viajero ruso Nicolás Notovich, que se encuentran ubicados en algunos monasterios del Tíbet. Dichos textos dan cuenta de la existencia de un enigmático Issa que vivió y viajó por esas latitudes entre los 12 y los 30 años precisamente, personaje que regresó a su lugar de origen en la antigua Palestina para cumplir con su inevitable destino.

Estos documentos inician con una gran lamentación que dice:

> La Tierra se ha estremecido y los cielos han llorado, a causa del gran crimen que acaba de cometerse en el país de Israel. Porque allí se ha torturado y ejecutado al gran justo Issa, en quien residía el alma del universo. Cuya alma se había encarnado en un simple mortal, a fin de favorecer a los hombres y exterminar los malos designios. Y con el fin de reconducir la vida de la paz, del amor y del bien, al hombre degradado por los pecados; y para recordarle al único e indivisible Creador, cuya

misericordia es infinita y sin límites. He aquí lo que, a propósito, relatan mercaderes llegados de Israel.

También nos hablan de cómo el pueblo israelita, habiendo ofendido a su dios, fue sujeto de un terrible castigo de su parte y cómo fueron reducidos a la esclavitud por el pueblo egipcio, y cómo fue liberado por un joven príncipe egipcio llamado "Mossa" —aquí es necesario notar la similitud entre los nombres "Mossa" y "Moisés"—. Se narra también cómo el pueblo judío se desvió de las enseñanzas de su dios y cómo fue castigado nuevamente por ello, enviándole un cruel tirano que venía del país de los Romeles, cuyo jefe supremo era el César.

El nacimiento del santo Issa tuvo lugar en Israel y desde su más tierna infancia empezó a hablar del dios único e indivisible, exhortando a las almas desviadas del justo camino a arrepentirse y a purificarse de todos los pecados cometidos. Y el pueblo de Israel se maravillaba al escuchar lo que decía aquel niño y creyeron que el Espíritu habitaba en su cuerpo. Así creció el santo Issa hasta llegar a los 13 años, edad en que debía tomar esposa.

Issa, no queriendo comprometerse de esa manera, abandonó la casa paterna, salió de Jerusalén y uniéndose a una caravana de mercaderes se dirigió a la India con el objeto de perfeccionarse en la palabra divina y estudiar las leyes de los grandes budas. Una vez establecido, el joven Issa vivió con los jainitas, donde estudió y comprendió su religión para luego marchar hacia donde se encontraban los sacerdotes de Brahma, con quienes aprendió a leer y a comprender los Vedas, así como a curar con la ayuda de oraciones y a predicar y explicar la Santa Escritura al pueblo, también le enseñaron a lanzar los espíritus malignos del cuerpo del hombre y a restituirle la imagen humana. De los brahmanes y los chatriyas, el santo Issa se separó, pues no estaba de acuerdo con sus creencias en cuanto a las castas se refiere, y por eso se retiró predicando el bien y la igualdad de los hombres ante los ojos de un dios verdadero. Ante esta situación, los sacerdotes blancos y sus guerreros decidieron darle muerte, por lo que el joven Issa tuvo que huir y fue al país de Gotamides, en donde fijó su residencia y conoció al gran buda Sakyamuni, es decir, al gran buda Sidharta Gautama, con quien permaneció seis años estudiando los rollos sagrados de los Sutras. Cuando pudo explicarlos a la perfección, el gran Buda le encomendó la tarea de difundir la manera de llegar a la suprema perfección del hombre por medio del bien. Así, caminando hacia el oeste recorrió numerosos países predicando la palabra santa entre los paganos, provocando en los sacerdotes un sentimiento de enojo que, indefectiblemente, terminaba con la orden de apresarlo y hacerlo morir.

De esta manera, la fama del santo Issa iba en aumento, y, cuando llegó a Persia, los sacerdotes sintieron temor y prohibieron a sus habitantes escucharlo, sin tener éxito alguno, pues el pueblo se reunía para oírlo con atención y júbilo, hasta que fue detenido e interrogado por los sacerdotes, quienes al escuchar sus palabras decidieron no hacerle ningún daño de manera directa, por lo que al anochecer lo condujeron fuera de la ciudad y lo abandonaron en medio del camino, esperando que los animales salvajes terminaran con su vida. Pero protegido por Dios, el santo Issa continuó con su ruta sin sufrir accidente alguno. Así, Issa retornó a su país, Israel, para recordarles a los judíos quién era el verdadero Dios; y recorrió muchas ciudades pregonando la palabra divina hasta que las autoridades sintieron temor y acudieron a presentar sus quejas en contra de él.

Pilatos, que era el gobernador de Jerusalén, recibió las quejas de las autoridades y decidió llevar al santo Issa ante el Sanedrín para que fuese juzgado por ellos en el templo. Y así continúa la vida del santo Issa, ofreciendo numerosas "coincidencias" —si es que pueden llamarse de esta manera— con la vida de Jesús, el Hijo del Hombre, hasta que fue detenido, torturado y finalmente crucificado.

¿Quién fue realmente Jesús?

Una vez que nuestros amigos lectores ha leído las dos versiones esenciales que hasta nuestros días subsisten acerca de la naturaleza y la vida de Jesús, trataremos de desglosar una serie de interrogantes que, sin duda, parecen desprenderse de esta pequeña lectura comparada en que, a propósito, hemos contrapuesto las dos versiones; una, la oficial y reconocida, la otra, producto de un dinamismo ecléctico que en el orden del conocimiento siempre surge cuando la mente se encuentra frente a una figura fundamental, fenomenal como la de Jesús, el fundador del cristianismo. Veremos hacia dónde nos conduce este periplo.

La primera pregunta natural que surge es:

1. ¿Con la figura emblemática de Jesús coinciden elementos mitológicos de orden solar?

Habría que establecer varias precisiones primero. La palabra "mito" es un término que proviene del griego *mitos,* que significa literalmente "fábula, ficción alegórica, especialmente en materia religiosa". Su uso proviene del que le adjudicó Aristóteles en su *Poética,* que es el "relato". Aunque parezca irrelevante o fantasioso tratar de explicar cómo la figura de Jesús empalma con la de otros mitos solares, es necesario, para que desde el punto de vista de la comparación, tengamos elementos sustanciales a partir de los cuales podemos valorar ciertos resultados, que sin duda nos mostrarán cosas sorprendentes. Por ello, es fundamental partir del mito, porque este constituye un primer nivel de especulación y verosimilitud en el campo del entendimiento humano.

¿A qué nos refiere el mito? A un mundo hipotético, lejano, en el que ocurrieron hechos que se han perdido en las plumas del tiempo, por lo que a veces quedan como único referente que legitima el proceso histórico, *v. g.*, la mitología griega, preludio de la antigua civilización y religión griegas; la mitología hindú, igual que la anterior afirmación, preludio de la antigua civilización y religión brahamánicas; la mitología egipcia, preludio de la antigua civilización y religión egipcia, o la mitología azteca, preludio de la antigua civilización y religión de los aztecas. Para su comprensión, la mitología también se estructura y se ordena a partir de hechos contundentes que se pueden postular de la siguiente manera, *grosso modo:* una nada, en lo absoluto, el caos manifestado, la primera voluntad de ese caos que se convierte en *kosmos* y en *theos,* es decir, en orden y manifestación. Si revisamos todas las mitologías del mundo, tienen al menos alguno de esos componentes esenciales. Para el caso de la figura de Jesús, se le vincula directamente con el nivel que corresponde a las deidades solares, es decir, el *theos-elios* o *theos-heliacos,* dios-Sol, que por definición corresponde directamente al aliento creador de la vida. En este sentido, Jesús puede equipararse a este elevado concepto porque leemos en S. Juan XIV, 6: "Yo soy el Camino, la Verdad y la Vida, nadie viene al Padre sino por Mí". En este caso puede interpretarse que Jesús es el medio; es decir, la forma en que puede alcanzarse esa verdad simbolizada por el Padre que puede estar representando al Sol como dador de vida. Así Jesús, en un acto profundo de la expresión de la verdad, le está diciendo al fiel, al creyente, soy el medio, o sea tú mismo, que puedes alcanzar ese fin que es el Padre, que es la expresión de ese Sol dador de vida.

Por ello, la deidad solar en su advocación de Helios, Apolo, Osiris, Dionisios, Mithra, Adonis, Ra, Rudra, Tonatiuh representa el arquetipo divino por excelencia a partir del cual una religión toma su sentido profundo, salvífico; porque la deidad simboliza el orden representado por el Sol como dador, ordenador de la vida y dador de la inmortalidad; por ello, el Jesús del Evangelio de san Juan se alza hasta ese nivel esplendoroso de las deidades solares y creadoras de mundos y de hombres. En ese sentido, casi todas las deidades solares de este orden tienen orígenes misteriosos, pues surgen en su mayoría como concebido sin pecado, sin mancha, por una virgen madre; expresan una gran viveza y, en muchos casos, sabiduría; desde su primera infancia, deslumbran por sus capacidades, se alejan de una vida pública manifiesta para regresar en vías de transformación o transformados a cumplir otra fase de esta vida pública para después desaparecer y reaparecer en todo su esplendor y magnificencia, una vez alcanzada la divinidad. Toda cosmogonía creadora y verdadera tiene una divinidad solar que cumple este arduo proceso de transformación radical, a partir de un nacimiento en la oscuridad de una cueva, en una cavidad, establo o incluso palacio como es el caso de Krishna.

Todos nacen en un periodo que comprende entre el 22 de diciembre y el 7 de enero, fechas en que se realizaban muchas festividades emblemáticas en la antigüedad como las Saturnales en Roma; en Egipto se celebraba a Osiris, en Grecia a

Dionisio, en Fenicia a Adonis, en Persia a Mithra, y los romanos, asimismo, anunciaban la entrada del solsticio de invierno como *Natalis Solis Invicti,* el Nacimiento del Sol Invicto. De tal suerte que el cristianismo no pudo ignorar el profundo simbolismo cosmogónico y originario de estas fechas y se adjudicó el nacimiento de Jesús al día 25 de diciembre, conmemorándose por esta razón la Natividad o la Navidad del Señor, fiesta que a 2,000 años de haber sido instituida continúa ejerciendo una gran fascinación en el mundo entero. Por estas sencillas razones, observamos que la figura de Jesús empalma perfectamente con los mitos solares de las religiones antiguas del mundo. Sin duda, este tema puede ofrecerle mucho a quien desee profundizar más.

2. ¿Qué pruebas hay de la existencia histórica de Jesús?

Al respecto, esta pregunta es sin duda uno de los aspectos más cuestionados por los contrincantes y adversarios de la religión cristiana y por los escépticos a lo largo de los siglos, porque se refiere a si verdaderamente existió o no el fundador del cristianismo, Jesús. El fenómeno sobre su existencia es, según la opinión de muchos críticos y estudiosos, originado en una vertiente fundamental que hasta el día de hoy se debate con mucha insistencia bajo esta otra interrogante: ¿fue Jesús verdaderamente judío?

Estas dos preguntas se vinculan, primero, porque desde el punto de vista histórico, en una primera instancia, el asunto de Jesús sólo le competía al pueblo judío de hace 2,100 años, el que vivía bajo el yugo de la Roma imperial y buscaba por cualquier medio emanciparse de tan desafortunada condición sociopolítica. Roma se encontraba bajo el gobierno de Tiberio al momento del nacimiento de Jesús. Dicho gobernante mantenía con mano de hierro el control de esa zona geográfica, considerada ya desde ese entonces de suma importancia estratégica, económica, política, social y religiosa.

Palestina era el engarce natural que unía tres mundos fundamentales en aquella época, al occidente, Grecia y Roma; al sur, Egipto, y hacia el oriente, lo que quedaba del imperio Medo-persa, de tal suerte que judíos y palestinos corrían la desventajosa suerte de estar en medio de esas zonas de poderosa influencia; por lo que la situación de la Judea de aquel tiempo sometida al imperio romano era tal, que la efervescencia y la inquietud social eran evidentes. Continuamente las guardias pretorianas tenían que hacer frente a las tácticas guerrilleras de los judíos, quienes luchaban contra el mejor ejército del mundo en una situación desventajosa. En medio de todo este clima social agitado (distinto al clima de paz de la versión oficial), el pueblo judío buscaba la manera de librarse del yugo opresor, que fuese por medio de la insurrección política y social, o mediante la más lejana, por imposible de cumplirse, según los destinos de su religión, que mencionaba desde la época de los profetas la llegada de un mesías de salvación. Aquí es donde entra en juego la segunda pregunta: ¿fue Jesús judío de nacimiento?

No hay que olvidar que el pueblo judío, hacia la época de Jesús, estaba dividido fundamentalmente de tres grandes sectores: los fariseos, que eran la facción conservadora, ponían a la Torá o la Ley por delante de todo; los saduceos, que eran la facción que colaboraba con los romanos y a la que pertenecía a toda la familia de Herodes, que eran despreciados por esta razón, y los esenios, que eran una comunidad monástica alejada de las vicisitudes mundanas y políticas de la época, sin embargo, no pudieron sustraerse a la efervescencia de ese tiempo, como lo demuestran de manera fehaciente las excavaciones del Mar Muerto en 1946.

Judea estaba rodeada hacia el sur por la Idumea, hacia el oriente por Perea y Galaad, hacia el norte por la Samaria y la Galilea, y hacia el occidente por el Mar Mediterráneo y Fenicia. En medio de este panorama convivió de la nación judía bajo el dominio de Tiberio César. Llegados a este punto surgen muchas hipótesis sobre el origen de Jesús, si fue hijo de José y María. José era de la casa de David y María pertenecía, según algunos datos oscuros, a la rama de Jesé, rama misteriosa que la hacía emparentar con el legendario rey Salomón y también con la casa de David; aunque otras fuentes citan que Joaquín —el padre de María— en realidad pertenecía a una de las 12 tribus israelitas, sin especificarse a cuál. La tradición bíblica adjudica directamente a Jesús ser descendiente directo de la casa de David; sin embargo, han quedado muchas dudas, pero el consenso general es atribuible a Jesús por supuesto origen judío, aunque hay quienes insisten en que el Jesús bíblico fue más bien producto del manipuleo de documentos ocurrido en las épocas en que el cristianismo comenzó a ser una religión dominante tanto en lo social como en lo religioso, porque a partir de los siglos VII y VIII la Iglesia se preocupó en depurar la figura de Jesús para hacerla coincidir con el supuesto o real Jesús. Por lo tanto, sanamente se puede decir que sí existe una duda razonable en cuanto a la existencia histórica de Jesús y acerca de su origen judío, lo cual será algo difícil de dilucidar a medida que transcurra más el tiempo, a menos que aparezcan nuevos hallazgos y testimonios documentales que aporten más datos. Mientras tanto, la pregunta sigue en el aire.

3. ¿Qué papel desempeñaron las mujeres en la vida de Jesús, el Salvador?

Esta pregunta demanda una reflexión profunda. Siempre se ha considerado, gracias a una especie de inercia histórica propiciada por una severa tradición religiosa, que Jesús desdeñó a las mujeres, no convivió con ellas u ocupaban un segundo o hasta un tercer plano en su visión del mundo y en su forma de relacionarse con la realidad de su tiempo. Gracias a los testimonios históricos aportados por diversas fuentes de la época, y aun antes de la aparición de Jesús, se sabe que la condición de la mujer en el pueblo judío era muy difícil y penosa, herencia de otras sociedades contemporáneas, como la romana, en que la mujer ocupaba tradicionalmente una posición más favorable, llegando incluso a vivirse una especie de matriarcado con ciertas repercusiones en lo social. A su vez, en la Grecia antigua, tras el desastre de la guerra del Peloponeso, unos 400 años a. C., las mujeres se levantaron en contra de la autoridad social y política, al considerar que el Estado había sacrificado a casi todos los varones debido a la guerra, asunto que quedó plasmado en la obra del dramaturgo Aristofanes titulada *Asamblea de las mujeres.* Todo esto contrastaba de manera casi dramática con la situación de la mujer judía, que era muy desfavorable. No tenían derecho, por ejemplo, a dar testimonio jurídico, eran consideradas como seres inferiores, situación que no valió mucho en muchas sociedades occidentales hasta finales del siglo XIX, cuando, en Inglaterra, las primeras sufragistas hicieron frente al rechazo social y ganaron el derecho a votar en las elecciones políticas. Así que no es de extrañar que el comportamiento de Jesús para con las mujeres fuese motivo de escándalo tanto para los fariseos como para los saduceos, como quedó constatado en diversos pasajes de los Evangelios: el episodio de la Samaritana o el de María Magdalena lavándole los pies con sus lágrimas y sus cabellos, y después ungiéndolos con perfumes en medio de severas recriminaciones, incluso de los mismos apóstoles.

Había un dicho popular de aquella época que decía más o menos "Doy gracias a Dios por no haberme hecho ni perro ni mujer". Lo que nos da una idea muy clara del nivel de intolerancia hacia el género femenino; esta actitud acre también pudo observarse entre los esenios, como podemos consultarlo gracias a una opinión del historiador Flavio Josefo, quien dice lo siguiente:

> Los esenios... desdeñan el matrimonio pero adoptan los hijos de otros hombres mientras son maleables y dóciles. Los aceptan como propios y los moldean de acuerdo con sus principios. En verdad no condenan el matrimonio por principio y, como consecuencia, la propagación de la especie; pero quieren protegerse asimismo de la licencia de las mujeres, persuadidos de que ninguna mantiene su promesa matrimonial a un solo hombre... ningún esenio toma mujer, porque una mujer es una criatura egoísta, excesivamente celosa, ducha en defraudar los

> principios morales del marido y seducirlo con sus continuas imposturas. (Flavio Josefo, *La guerra de los judíos.*)

Todo esto nos da una idea de cuán difícil era la vida de la mujer en cualquiera de los grupos sociales judíos dominantes de la época.

Así, uno de los aspectos más relevantes de la prédica de Jesús fue el de combatir esta actitud que el judío mantenía no solamente en contra de la mujer, sino en contra de todo aquello que la inflexibilidad fariseica no toleraba y que se observa en varios pasajes del Nuevo Testamento, sobre todo cuando Jesús realizó algunas curaciones en el día sábado, considerado por los judíos como el más sagrado para su religión y que fue causa de gran escándalo por parte de los sacerdotes.

Jesús mantuvo una relación muy profunda con su madre María, nunca la negó ni la descuidó, pero curiosamente entre las verdades por Él predicadas estaba la necesidad de que el hombre que buscase su verdadera salvación tenía que nacer dos veces. Leemos en el evangelio agnóstico de Tomás: 15. "Jesús dijo, 'cuando veáis a alguien que no nació de mujer, postraros sobre vuestros rostros y adorarlo. Ese es vuestro padre'." Expresión enigmática que en apariencia parece estar negando el valor de la mujer; sin embargo, esta afirmación entraña un oscuro enigma, como los ojos que rodean esta presencia impenetrable.

Sólo diremos, para concluir, que uno de los valores más elevados tanto para la religión judía como para el gnosticismo —curiosamente— es el de la Shekinah o expresión femenina de la gloria del Altísimo, que se manifiesta en el santo de los santos del antiguo templo judío y el de la Sophía, o Sabiduría, la madre de las potencias creadoras de la cosmogonía gnóstica; por tanto, subyacen verdades muy profundas en las consideraciones que siempre tuvo Jesús hacia las mujeres, encabezada por su madre, y que están consignadas de hermosa manera en los evangelios. Anticipa en gran medida el papel preponderante y la gran dignidad que la mujer tiene en la vida de cualquier sociedad.

4. ¿Jesús perteneció a la comunidad de los esenios?

Curiosamente, este es uno de los aspectos que atañen a la vida de Jesús y que resurgió a la escena pública tras los hallazgos de los rollos del Mar Muerto en la planicie de Qumrán en 1946, y tras la paulatina publicación de sus contenidos, que poco a poco fueron teniendo difusión mundial.

Pero antes de continuar veamos lo que era un esenio por definición, quiénes eran los miembros de esta sociedad: ¿era una religión?, ¿una secta?, ¿un grupo oculto e iniciático?

Las primeras noticias breves, pero concisas, en relación con la existencia de los esenios se deben a la erudición inagotable del gran botánico, viajero y explorador romano Plinio el Viejo, quien hacia el siglo I de nuestra era dio cuenta en sus escritos acerca de este enigmático grupo. Dice:

> Los esenios habitan en la costa occidental del Mar Muerto pero lo suficientemente apartados de él como para evitar sus efectos nocivos. Son gente solitaria y muy superior al resto de la humanidad. Viven sin mujeres y han

> renunciado al comercio con Venus. Carecen de dinero y las palmeras son su única compañía. Se renuevan de continuo merced a la incesante corriente de refugiados que acuden a ellos en gran número, hombres hastiados de la existencia a quienes los ires y venires de la fortuna impulsaron a adoptar tal género de vida. (*Naturae Hidsorianum,* XXXVII libri).

Por su parte, el historiador judío Flavio Josefo, de quien se dice perteneció algún tiempo a esta secta, comenta en sus obras lo siguiente: "Estaban más ligados entre sí que los otros grupos (fariseos y saduceos). Constituyen una hermandad semejante a la de los pitagóricos". Eran conocidos primero como los *essenos* por los historiadores contemporáneos del siglo I d. C.

Se cree que tras la profanación del templo de Jerusalén, ubicado en el monte Moriah, efectuada por el rey griego Antíoco Epifanes, en el siglo III a. C., un grupo de judíos, fieles e inconformes con esta acción negativa hacia sus creencias, se retiró a vivir a las orillas del Mar Muerto, al este de Jerusalén. Allí establecieron el primer asentamiento que contaba con casas de piedra, una plaza, un comedor comunitario, depósitos de agua potable, y además construyeron una biblioteca para guardar los textos sagrados. Una segunda oleada de miembros de esta secta se produjo tras la recuperación por los hashmoneos, que liberaron a Judea de la ocupación griega, pero usurparon el cargo del sumo sacerdote provocando la inconformidad de otro grupo de fieles, quienes también se retiraron a las orillas del Mar Muerto para vivir en la pureza espiritual, sacerdotal y ritual.

Los esenios llevaban una vida comunal dedicada al estudio de las escrituras, las cuales estaban en rollos de piel de alce u otro animal. Realizaban anotaciones en una especie de hebreo antiguo con comentarios a los libros mosaicos. El asentamiento tuvo una duración desde el siglo III a. C. hasta finales del siglo I d. C., tras la destrucción de Jerusalén por los romanos hacia el año 70 d. C. En su periodo de máximo esplendor la comunidad alcanzó a albergar hasta 4,000 individuos, divididos en aldeas. Ofrecían sus sacrificios rituales en el templo de Jerusalén, al cual accedían por una puerta especial que daba hacia el este, hacia el Mar Muerto. Muchos han considerado este hecho ritual como la demostración de que el pueblo veía en los esenios a los probables depositarios del Mesías o el Ungido, el cual vendría a librar a la nación del yugo extranjero, la opresión y sus aflicciones.

Se creía que Juan el Bautista pertenecía a los iniciados de esta secta, lo cual por desgracia no está autentificado por documento alguno. Se consideraba a los esenios como portadores de esta expectativa mesiánica; esta es una de las probables razones por las que se ha considerado a Jesús como miembro o iniciado de esta secta y que su aparición obedecía, antes que nada, a qué iba a liberar a Israel del yugo romano. En este punto, desafortunadamente, se fundan todos los elementos acotados y se pierde la perspectiva histórica. Sólo queda una serie de suposiciones que se centran alrededor de la pregunta de si Jesús fue miembro o no de la secta de los esenios.

Suposición que se renovó de manera formidable gracias a los hallazgos en las cuevas de Qumrán, entre estos destaca un documento curioso, especial, que se llama el “Manual de Disciplina" y que hace alusión a un enigmático maestro de justicia, que parece encajar en la figura mítica de Jesús y del cual se afirma tener con el maestro gran parecido. La certeza para confirmar si Jesús perteneció o no a esta secta podrá, como las demás supersticiones, ser confirmada sólo por el tiempo y por ulteriores hallazgos documentales; mientras tanto, sin duda, este es otro de los muchos enigmas cuyas aristas y facetas son en su mayoría desconocidas acerca de la vida del Divino Maestro, que, sin embargo, han ejercido y ejercen hasta nuestros días una gran influencia en la imaginación de muchas personas. Con esta hipótesis pasamos a otra que también es muy importante y que, incluso, ha dividido a la misma religión desde sus orígenes, y es:

5. ¿La religión cristiana tiene un aspecto esotérico?

Este aspecto es sin duda el que más dolores de cabeza provoca y ha provocado desde los orígenes del cristianismo, en especial para las autoridades eclesiásticas, las que rechazan, incluso de manera tajante, la idea indigna —según ellos—, de que deba existir algo desconocido u oculto en las enseñanzas del cristianismo. Tema en el que hasta la fecha no se ha alcanzado —y se duda que se pueda alcanzar— algún consenso. Por desgracia, es difícil explicar el porqué de este hecho, pero entiéndase que toda enseñanza y práctica religiosa emanada de una religión verdadera comporta, prácticamente de inmediato, dos líneas esenciales de desarrollo y ejercicio: una, inclinada hacia la tolerancia y hacia una cierta búsqueda y libertad espiritual, y la otra, que es la de los más, proclive hacia el dogmatismo, el fanatismo y la intolerancia religiosa ("mi credo es la única verdad que vale"). Para entender esta compleja cuestión es necesario partir de una serie de nociones sencillas que permiten ubicar con mayor facilidad este planteamiento:

¿Si existe la luz, existe la oscuridad?; ¿si existe la verdad, existe la mentira?; ¿si existe el calor, existe el frío?; ¿si existe el blanco, existe el negro?; ¿si existe la salud, existe la enfermedad? Y en este orden de ideas se plantea la duda: si existe una enseñanza externa, exotérica del cristianismo, entonces debe existir y existe una enseñanza esotérica. Enseñanza que la gran mayoría de los fieles que han sido educados para conocer tan sólo la parte externa, simplemente ignoran o rechazan. Paradójicamente la enseñanza esotérica aparece de manera muy clara en los mismos Evangelios, en los Hechos de los Apóstoles, en las Cartas de san Pablo y, sobre todo, en el Apocalipsis de san Juan, que está escrito en un lenguaje alegórico-simbólico-críptico de muy difícil comprensión para el lego y el profano.

Los Evangelios están escritos aparentemente de manera sencilla, pero hay momentos en los cuales el mismo Jesús hace referencia directa a un género de estilo cerrado y críptico que aparentemente se comprende, y esta es la parábola.

Esta palabra proviene del griego *paraballein,* que significa "arrojar al lado, comparar, es la narración de un suceso fingido, del que se deduce, por comparación o semejanza, una verdad importante o una enseñanza moral". Ahora bien, la parábola es más que eso, ya que se inscribe en el género de "escritura cerrada o cabalística", no en el sentido de la cábala judaica o de la tradición de la lengua judía, sino en el sentido de ser un escrito de orden acromático cuya interpretación requiere que el lector, al menos, posea una de las siete claves que este tipo de enseñanza oculta tiene generalmente, y al cual Jesús recurre. Según el evangelio de san Marcos XVI, 15, la parábola es sólo para algunos: "aquel que tenga oídos para oír que oiga"; por tanto, la parábola es una expresión con muchos niveles de significación que requiere la sagacidad de una mente abierta y alerta que no se conforma con la significación lineal, literal de la palabra evangélica. "No deis lo santo a los perros ni echéis vuestras perlas delante de los puercos", S. Mateo VII, 6.

Para terminar, solamente nos referiremos a otro aspecto esencial ya olvidado por los fieles y los creyentes del cristianismo, y es el que se refiere a que esta religión desde sus orígenes se dividió en dos vías esenciales: el cristianismo o Iglesia Militante, encabezada alegórica y simbólicamente por san Pedro, que cimentó y consolidó en Roma la estructura eclesiástica tal cual la conocemos en nuestros días, en un devenir histórico que cumple al menos 1,750 años de antigüedad. La otra vía, la del cristianismo o Iglesia Triunfante, encabezada por san Pablo, que conservaba y guardaba esta enseñanza esotérica; razón por la cual, los Padres de la Iglesia tomaron la decisión de fundir en una sola conmemoración onomástica a estas dos figuras grandiosas, pero muy divergentes entre sí, el día 29 de junio del año cristiano, para así acabar de una vez por todas con esta aparente controversia que, supuestamente, podría dividir la totalidad de la fe cristiana.

A nuestro entender, sí existe un cristianismo esotérico, desconocido para la mayoría de los fieles desde los primeros tiempos; cristianismo que se practica mediante una vía de acción muy profunda que no se contenta con el aspecto especulativo y confesional, porque demanda ya no el apego a una creencia, sino una transformación integral para cumplir cabalmente con la finalidad de alcanzar al espíritu bajo la premisa, a menudo ignorada, de lograr la verdadera redención de la carne. Como corolario del anterior tema surge entonces la pregunta:

6. ¿Jesús impartió una enseñanza oculta?

Esta interrogante aparece de manera natural al revisar el hecho de si Jesús perteneció o no a la comunidad de los esenios y, por lo tanto, tuvo acceso a otro tipo de conocimiento, el cual siempre ha estado vedado al resto de la humanidad.

Con respecto a este gran tema, también las opiniones son divergentes. Si se parte del hecho contundente de que la Iglesia tradicional niega, incluso condena, la existencia de tal tipo de conocimiento, por simple razonamiento se convendrá en aceptar que éste ha existido desde su nacimiento. A partir del siglo XVI la Iglesia y la sociedad conservadora europea de la época combatieron de manera denodada todos los esfuerzos que desde el siglo XII se habían producido, primero de manera sigilosa y después, hacia el siglo XV, con el resurgimiento de la cultura clásica grecolatina que dio origen al Renacimiento europeo, que sirvió entre otras cosas para revalidar profundamente a uno de los pilares del pensamiento filosófico griego y occidental, Platón; lo que propició que el llamado pensamiento hermético u oculto hiciese su aparición pública sustentado en cuatro ciencias: la

Kabbaláh hebraica, la magia, la astrología y la alquimia, que tuvieron grandes exponentes y, asimismo, produjeron obras notables en toda Europa durante los siglos XIII, XIV, XV, XVI y XVII, apoyados en ciertos elementos de la enseñanza de Jesús que produjeron, como ya se vio, una gran bonanza filosófica, cultural y estética, la cual ha quedado para la historia de la civilización occidental. Por otro lado, casi nadie sabe que una de las misiones secretas de la Orden de los Jesuitas fue fundada en el siglo XVI por el español san Ignacio de Loyola.

Por lo anterior, la respuesta es sí, porque a lo largo de los Evangelios, los Hechos y las Cartas de Pablo, podemos percatarnos de un gran número de palabras, frases, oraciones, expresiones y hasta discursos que comprueban que, efectivamente, Jesús impartió una enseñanza secreta a sus discípulos, y a su vez esta enseñanza se diluyó entre los versículos del Nuevo Testamento.

Es en el Evangelio de san Juan XVI, 23, 24, 27, 28, 29, leemos:

> En verdad, en verdad os digo que cuanto pidiereis al Padre en mi nombre os lo concederá. Hasta ahora nada le habías pedido en mi nombre: pedirle y recibiréis, para que vuestro gozo sea completo... siendo cierto que el mismo Padre os ama, porque vosotros me habéis amado y creído que yo he salido de Dios.
>
> Salí del Padre y vine al mundo; ahora dejo el mundo y otra vez voy al Padre.

Dícenle sus discípulos: "ahora sí que hablas claro y no en proverbios". Esta es una pequeña muestra, entre muchas, del doble y hasta triple nivel del discurso que tienen las palabras del Nuevo Testamento. ¿De qué depende que nos quedemos con la letra muerta de su significación literal o que seamos capaces de captar la profundidad de sus contenidos? Fundamentalmente de nosotros mismos, porque somos nosotros los que nos ponemos al alcance de estos conocimientos o de estas verdades, o quienes los ignoramos porque estamos empeñados en seguir la vía del César, en vez de seguir la vía de Dios. Una cosa es evidente: todas las religiones verdaderas proponen desenvolver la naturaleza moral e intelectual del hombre y, con ello, lograr que su naturaleza espiritual despierte y se eleve; adecuándose de manera sustancial a los niveles infinitos que tienen los hombres entre sí y en medio de esa diversidad, sin duda, surgen quienes ansiosos de revisar las limitaciones doctrinales y materiales de la realidad inmediata se lanzan a buscar respuestas que en apariencia están en otro lado o muy lejos, pero que generalmente se encuentran en nosotros mismos, y esto es lo que el estudioso puede encontrar partiendo de la palabra evangélica. Si es secreta o no, todo depende simplemente de nuestro estado de conciencia. Ya en esta dinámica, sabiendo que subyacen tras la enseñanza literal y oculta verdades de distinto calibre, se abre el espacio para que otra cuestión esencial que concierne a Jesús se proponga y que es:

7. ¿Qué tipo de verdades o enseñanzas vino Jesús a revelar a los hombres?

Este es un punto extremadamente delicado, porque requiere adentrarse en la complejidad doctrinal de la religión cristiana, entender sus causas y sus razones, pero, sobre todo, entender con justeza el momento exacto en el que la doctrina cristiana expresó, más allá de su devenir histórico, la esencia de su razón de ser, que no es otra más que la presencia de Jesús como el punto vectorial del que emerge y hacia el cual converge todo el dinamismo religioso de la fe cristiana.

Antes demos un vistazo a lo que *per se* significa la palabra "religión". Proviene de la palabra latina *ligamen,* qué significa "ligazón, atadura, vendaje"; y de *re* que significa "cosa", por lo tanto la palabra en su origen significa "cosa ligada". Ahora bien, debido a los usos y costumbres del lenguaje y su significaciones, la palabra latina *religionis* significa también "conciencia escrupulosa", por lo que en su significación final todos estos conceptos se funden para entregarnos el de "cosa ligada en o para la conciencia escrupulosa", con lo que obtenemos una significación que establece de inmediato un criterio que propone la transformación que un individuo puede alcanzar al ejercer o seguir una religión cualquiera. En ese orden de ideas, religión significa por lo tanto, "la creencia en una garantía sobrenatural ofrecida al hombre para su propia salvación mediante prácticas consagradas a obtener o conservar dicha garantía". En este sentido, la garantía a la que apela la religión es de orden sobrenatural, divino, porque proviene directamente de una revelación o serie de revelaciones dadas por la propia divinidad, todo lo cual constituye el fundamento del dogma como verdad inamovible y del cual no puede dudarse nada.

"Revelación" proviene de la palabra latina *velato,* que significa "oscuramente, velatura, velo", y de *re,* qué significa "cosa", por lo tanto significa "cosa velada u oscura" así la palabra latina *revelationis* viene a significar por uso y costumbre "revelación de un secreto" y por antonomasia "la manifestación divina". Se dice, por ello, que al estar más allá de la capacidad humana, esta expresión es divina o dada por Dios a quien tiene la facultad de hacerlo manifiesto, que es precisamente el caso de los creadores de religiones como Buda, Krishna, Zoroastro, Moisés y Jesús. Cada uno de ellos fue el vehículo elegido por la divinidad para ser manifiesta esta revelación, la cual es, por tanto, de orden sobrenatural. Desde esta perspectiva, toda la revelación aportada por Jesús aparece en su totalidad de los evangelios canónicos-sinópticos atribuidos a Mateo, Marcos, Lucas y Juan. Y es obligación de todo creyente cristiano recurrir permanentemente a esta fuente de consulta. Como se mencionó, este es un tema delicado, requiere de una capacidad de comprensión y penetración extraordinarias para entender y captar el vasto mensaje evangélico, salvífico, mesiánico, doctrinal, emanado directamente de las enseñanzas de Jesús. Podemos, en un afán de sencillez extrema, sintetizarlas de la siguiente manera:

1. Creencia en dios Padre, todopoderoso, creador del cielo y de la tierra.
2. Creencia en Jesucristo como su único hijo, Señor de todos.
3. Fue concebido por obra y gracia del Espíritu Santo.

4. Nació de santa María, virgen.
5. Padeció bajo el poder de Poncio Pilatos.
6. Fue crucificado, muerto y sepultado.
7. Descendió a los infiernos.
8. Al tercer día resucitó de entre los muertos.
9. Subió a los cielos.
10. Está sentado a la diestra de dios Padre, todopoderoso.
11. Desde ahí vendrá a juzgar a los vivos y los muertos.
12. Creencia en el Espíritu Santo.
13. Creencia en la santa Iglesia Católica.
14. Creencia en la comunión de los santos.
15. Creencia en el perdón de los pecados.
16. Creencia en la resurrección de la carne.
17. Creencia en la vida perdurable.

Como se podrá apreciar, cada uno de estos postulados constituyen la oración llamada "Credo", la cual sintetiza de manera hermosa toda la magnificencia y la complejidad de la religión cristiana. Cada una de estas sentencias, frases o conceptos expresa la verdadera fe cristiana y ejemplifica lo que cada creyente debe hacer para ejercer y alcanzar la realización de las verdades que subyacen tras estos principios: la salvación del alma en el espíritu y la redención final. Por ello, lo que Jesús vino a revelar directamente fue la posibilidad que tiene cada hombre, cada ser humano, de alcanzar esta salvación y esta redención. Las vías están propuestas desde el principio y aparecen expresadas en la belleza perdurable de las enseñanzas de Jesús consignadas en los Evangelios, por ejemplo, en el Sermón de la Montaña, en el capítulo VI de san Mateo, el capítulo XIV de San Juan, etc. Los Evangelios abundan en citas, referencias, dichos y proverbios que fortalecen las creencias y actitudes; y vigorizan esa fe que todo cristiano debe expresar para hacer el esfuerzo de alcanzar su propia redención y salvación final. La vía es la realización plena en la fe, mediante el cuerpo y el alma; por ello, debe entenderse que el cuerpo era y es para Jesús el templo a partir del cual el creyente debe iniciar su viaje en busca de la salvación. ¿Por qué el cuerpo? Porque este representa el valor esencial de algo que está más allá de especulaciones y dogmatismos que es la vida, esa joya suprema que garantiza de manera determinante que la conciencia es su mejor expresión. Cabe preguntarse: ¿Dios en su suprema sabiduría otorgó la vida para que se pierda?

Así, si el cuerpo es el vehículo *ad hoc* de esta vida universal, ¿por qué somos tan inconscientes y nos empeñamos en destruirlo? Por ello, el *Eva-Angellio* (de Eva: vida y *Agellos:* mensajero, es decir, el Evangelio) es en sí, antes de cualquier interpretación dogmática o teológica, "mensajero de vida", ¿de cuál? La del Jesús que mora en cada uno de nosotros.

8. ¿Jesús realizó los milagros que se le atribuyen?

El aspecto milagroso de Jesús ha sido aceptado más por tradición y fe que por un convencimiento o razonamiento. Por ejemplo, la ciencia actual solamente se basa en hechos comprobables y, por supuesto, disputa y a veces hasta condena la probable o real verosimilitud del llamado "milagro". Revisemos el significado de la palabra "milagro". Proviene del latin *mirabilis,* que significa "admirable", "maravilloso, sorprendente, singular"; y de la palabra latina *miraculum,* que significa "prodigio, portento, maravilla, cosa extraordinaria" y, por antonomasia, "milagro". De donde se deduce que es a través de los ojos y de lo que se puede comprobar que el milagro se produce. Ahora bien, la naturaleza del milagro ronda con el prodigio y con lo que es producido mediante medios a mundos desconocidos para la mayoría de las personas.

Así, una cosa desconocida, un hecho inimaginable es atribuido a una causa sobrenatural. Para la teología cristiana directamente, el milagro es producido gracias a la intervención expresa de Dios, dueño absoluto de la creación entera como autor único y principal y, por tanto, se produce al margen de las leyes naturales.

Según la forma en que ocurren los milagros pueden dividirse en físicos: resurrección de un muerto, sanación de enfermedades incurables, especialmente si son diagnosticadas de manera oficial; intelectuales: los cuales se realizan por medio de una fuerte y concentrada plegaria, oración, petición a Dios, donde el milagro se efectúa de manera palpable, como salir de una situación desesperada, de un trance muy peligroso, etc. Y los milagros de orden moral, que se dan instantáneamente cuando ocurre una conversión a la religión por alguien a quien se considera un "pecador"; esta clase de milagros son atribuidos especialmente a los santos de los primeros tiempos del cristianismo, como san Jerónimo, san Antonio, san Esteban, san Agustín y, poco después, san Francisco de Asis. Este milagro es considerado como la realización extraña de un hecho que, por lo general, no tiene ninguna explicación bajo el esquema de acciones aceptadas por la razón y por la ciencia, sino que pasa a participar del orden de cosas que son realizadas de manera divina o sobrenatural y que manifiestamente expresan esa cualidad. Son producto de algo fuera de lo común, de algo completamente extraordinario.

Por ello, según el testimonio de los Evangelios, Jesús sí realizó milagros en los tres aspectos ya mencionados; de orden físico: la multiplicación de los peces y de los panes; la resurrección de Lázaro; la transformación del agua en vino en las Bodas de Canán; la serie de curaciones a paralíticos, ciegos, leprosos, enfermos de todo tipo. De orden intelectual: como cuando Jesús le dice a una mujer que su fe la ha salvado. O de índole moral: cuando cura a los endemoniados o logra que santo Tomás crea en su presencia física después de su resurrección gloriosa.

Si se revisan a fondo los evangelios, se podrá comprobar que uno de los propósitos por cumplir de los apóstoles era realizar milagros para alentar a las personas e incorporarlas a la religión cristiana.

Fue gracias a estos actos tan sublimes como Jesús consiguió su mayor fama, porque rebasó el aspecto puramente histórico y se adentró en la leyenda como un ser que alcanzó la divinidad y que gracias a ello tuvo potestad para realizar milagros. Sin embargo, una de las principales objeciones que los detractores de la vida y milagros de Jesús oponen a la santidad y el carisma de su propia vida, es la de haber sido una especie de mago o taumaturgo capaz de ejecutar actos prodigiosos más allá del razonamiento tradicional de la época, y que todo ello obedecía más que nada al ámbito que prevaleció durante el tiempo en que hizo su aparición pública en Palestina al cumplir los 30 años de edad. Periodo muy especial que se vio inundado de hechos y manifestaciones que lindaban con lo sobrenatural.

Es menester decir que muchas veces —la mayoría— el pueblo suele atribuir a los actos que desafían el orden natural de las cosas, ser de índole milagrosa, lo que impide una visión más completa de la confirmación palpable de un un acto sobrenatural o un prodigio; basta que alguien testimonie que un acto cualquiera es de orden divino para que de inmediato se forme una corriente de opinión que se adhiere a tal o cual idea al respecto y lo declare como milagroso, sin pasar por el tamiz más elemental de la razón; ignorándose casi siempre que el espíritu sí tiene potestad sobre el cuerpo físico y sobre las leyes de la naturaleza, que se requiere de una elevada espiritualidad para ser puesto en marcha y, sobre todo, para ser comprendido. Por ello se dice que los milagros son signos de la presencia del reino de Dios, que es el del Espíritu. En Mateo X, 7,8, Jesús les expresó a sus discípulos: "Y en vuestro camino predicar diciendo: el Reino de los Cielos se acerca. Curad a los enfermos, resucitad a los muertos, limpiad a los leprosos, arrojad a los demonios".

En este sentido, los milagros realizados por Jesús y sus discípulos se expresan como un poder emanado del Espíritu, al cual la contemplación maravillada del testigo perjudica esa índole sobrenatural capaz de transferir, de transformar, el orden de las cosas naturales de una manera abrupta y a veces subrepticia: se suspende el orden temporal, el aire se detiene, el tiempo cesa, la percepción aumenta o disminuye, según sea el caso, y maravillados asistimos al prodigio: la guía a los Magos por medio de la Estrella de Belén para llevar sus ofrendas al santo recién nacido; el caminar de Jesús sobre las aguas poniendo a prueba la fe de Pedro; la multiplicación de los peces y de los panes para darle de comer a una multitud hambrienta y al resurrección de un hombre ante los doloridos y asombrados ojos de us familiares, quienes todavía dudan al decirle al Maestro que el cadáver ya tiene días de muerto y apesta, entre otros.

En todos estos ejemplos de milagros, se constata la presencia de un elemento sustancial que es precisamente la fuente de toda verdadera esperanza: la fe, esa que mueve montañas, que empuja al feligrés, a veces, hasta el límite de sus capacidades físicas, emotivas y mentales con tal de que ocurra el prodigio anhelado. La fe es la piedra angular del verdadero creyente, de quien entrega su corazón en aras de la redención prometida.

Ya que todo poder fundado en dios respeta la verdadera voluntad del hombre afincado en la confianza de que el prodigio se consumará, el milagro es la parte más viva de la religión, porque se mantiene vigente a pesar de todo, porque alimenta la creencia en y la esperanza y porque Jesús es la causa y la razón final de esta esperanza. Así, el milagro es al mismo tiempo el *Pater Noster* y el Ábrete Sésamo; es la esencia y el valor de una religión en cualquiera de sus manifestaciones y expresiones.

9. ¿Qué ocurrió entre los 12 y los 30 años en la vida de Jesús?

Uno de los aspectos que no son mencionados en las relaciones sobre la vida de Jesús es el que se refiere a la época transcurrida entre los 12 y los 30 años.

Al revisar minuciosamente los evangelios sinópticos para encontrar datos sensibles que den cuenta del paradero de Jesús entre esos años, nos percatamos de que en Mateo, por ejemplo, se pasa del capítulo II,13 —que que es el que consigna la huida a Egipto de la Sagrada Familia, cuando Jesús tiene apenas de tres a cinco días de nacido—, al capítulo III, que consigna la predicación de Juan Bautista, calculándose *grosso modo* un tiempo transcurrido de casi 30 años, es decir, no se sabe nada de la vida de Jesús. Marcos comienza su evangelio precisamente con el ministerio de Juan Bautista, también a los 30 años de Jesús, dejando igualmente una laguna de tiempo similar en que no se menciona absolutamente nada.

En Lucas, en el capítulo II, 40-52, Jesús aparece a los 12 años sentado ante los doctores del templo, a quienes escuchaba y preguntaba, y desaparece para volver a Palestina al cumplir los 30 años, para iniciar su vida pública. En este Evangelio transcurre un periodo de 18 años en que nada se sabe de él. En Juan, desde el capítulo I, se consigna en el versículo 19, el primer testimonio del Bautista, quedando también en el aire en los primeros 30 años de la vida del Divino Maestro.

A la Iglesia Católica tradicional no pareció afectarle que el Jesús histórico, entre los 12 y los 30 años, no apareciese consignado de manera directa en las referencias de los evangelistas, o que no existiesen testimonios más abiertos que apoyaran un criterio de verdad que refiriese puntualmente cuáles fueron las actividades realizadas por Jesús en dichos años.

Sin embargo, a consecuencia del Concilio Ecuménico Vaticano II, de 1960, cuando se modificó de manera radical la liturgia de la santa misa, entre otros muchos aspectos de la religión católica, parece haber preocupado a la alta jerarquía que existiese una amplia laguna documental en la versión oficial de la vida del Jesús histórico de la época. Esta autoridad de manera amable le pidió a Notovich, quien contaba con documentos para cubrir esa laguna, que no los publicara porque se granjearía muchos enemigos. Un cardenal muy cercano al santo Padre le dijo al autor: "¿Para que imprimir esto? Nadie le concederá una gran importancia y os atraerá, de otra parte, un sinnúmero de enemigos". Notovich, al hacer un recuento de esta entrevista, ubica el suceso hacia 1893.

También influyeron los hallazgos del Mar Muerto y Nag-Hamadi, por lo que la Iglesia se vio en la obligación de adoptar una actitud más propositiva frente a esta laguna histórica y documental de estos 18 años acerca de los que no se dice absolutamente nada. Por ello, ha aparecido desde hace unos 15 años una serie de documentos, pronunciamientos y escritos firmados por distintas plumas que, en un lenguaje sencillo pero firme, tratan de convencer a los fieles de que el silencio documental de los Evangelios con respecto a la vida de Jesús entre los 12 y los 30 años no fue más que producto de las circunstancias que condujeron el maestro a cumplir la alta misión a la que se había entregado por decisión propia.

Durante 30 años no se escucha la palabra del Hijo de Dios. Los evangelios han querido guardar silencio sobre sus hechos y sus dichos. Pero ¿no dijo nada? Sí, pero en silencio; Jesús habló con su elocuente silencio. Sus hechos dirán más que sus discursos. Basta ver los sollozos del Niño dios, el trabajo tenaz del artesano Jesús, su convivencia familiar y, sobre todo, se sentirá la presencia del Verbo de Dios que se expresa en cada fiel como si fuera una vida realizada por cualquier hombre.

Jesús asumió todo lo humano menos el pecado: la familia, el lugar, el trabajo, la lengua, las costumbres de un país... el nombre con el cual le designaban sus contemporáneos es el de Jesús de Nazaret, es decir, aquel vecino que vivía en aquel pueblo llamado Nazaret, conocido de todos. Es comprensible la extrañeza y sorpresa de los que oían y veían a Jesús al comenzar su vida pública hablando palabras llenas de sabiduría y realizando milagros. Esta sorpresa se manifiesta en expresiones como la de decir: ¿no es éste el hijo de José? (Luc, IV, 22.)

Treinta fueron los años vividos por Jesús como uno más entre sus contemporáneos. A estos 30 años se le suele llamar la "La vida oculta", en contraste con los tres años de vida pública de su mesianidad llenos de manifestaciones extremas y de su divinidad. ¿Fue acaso el largo tiempo vivido por Jesús de Nazaret un tiempo de preparación cuidadosa para los intensos tiempos de predicación que vendrían después? No parece que haya sido así, ya que nos habría quedado de ello un rastro, aunque fuera pequeño; más bien nos ha quedado la reacción sorprendida de los que vivieron con él que no se explican ni sus palabras ni sus acciones extraordinarias. Si no fue un tiempo de preparación, ¿será sólo un tiempo de espera?,

¿o, quizás, un tiempo perdido?... Para captar lo que el hijo de Dios ha querido revelar, no se deben mirar solamente sus palabras, sino su vida entera. Los silencios de Jesús y su trabajo callado y su sueño también hablan; todo en él, hasta el último latido de su corazón, revela la verdad divina. No podemos, por desgracia, en un espacio reducido abundar más sobre este tema tan interesante.

Sólo podemos invitar a la reflexión acerca de la importancia y el valor que la figura de Jesús parece tener más allá de las limitaciones conceptuales, teológicas, doctrinales, dogmáticas que nos hablan antes que nada de un Jesús que parece haber puesto de manifiesto las posibilidades que un ser humano tiene ante sí para alcanzar un verdadero estado de conciencia y, con ello, realizar también su salvación y su redención, especialmente en una época como en la que estamos viviendo momentos dramáticos para toda la humanidad. Sólo cabe esperar que el tiempo, que es el mejor juez, ponga las cosas en su verdadero nivel. Hasta entonces, esta controversia seguirá en pie como un aspecto más que parece volver enigmática figura del divino maestro de Palestina.

10. ¿Era Jesús realmente el Mesías?

Otro de los complejos componentes de la enigmática figura de Jesús es el que se refiere a su supuesta o verdadera condición de ser el "Mesías" o "el Ungido", como se le ha querido ver desde los primeros tiempos del cristianismo.

En este sentido, recuperamos lo que ya se ha dicho líneas atrás con respecto a la condición que guardaba el reino de Judea durante la época, para retomarla en este caso porque permitirá precisar ciertos aspectos que destacan por su índole histórica y por el supuesto carácter mesiánico.

Judea estaba bajo la férrea dominación romana. Está comprobado históricamente que entre el año 68 a. C. y 6 a. C. ocurrieron 26 movimientos insurreccionales en contra de Roma, todos los cuales fueron aplastados por los dominadores en algunos casos, en medio de verdaderos baños de sangre.

Así, no es de extrañar que llegara la etapa del siglo I d. C. en Judea coincidían en el medio ambiente tanto el aspecto religioso que alentaba la llegada del Mesías como la demanda casi desesperada del pueblo judío por liberarse del yugo opresor y del deplorable estado en que se encontraban, merced a un líder que tuviese la fortaleza y la capacidad suficientes para guiarlos en tal empresa; lo cual se hace evidente en algunos pasajes de los Evangelios, donde algunos personajes y sacerdotes veían en Jesús a un presunto liberador que desde la perspectiva de la revuelta política iba a conducirlos hacia una probable liberación de los romanos. Este es un aspecto que ha traído confusión a historiadores y analistas, quienes de pronto pierden la perspectiva del Jesús histórico y lo confunden con un Jesús mesiánico.

Originalmente, en el Antiguo Testamento con la palabra "ungido" se destacaba la figura del rey, aunque no pocas veces se designó a los sacerdotes; sin embargo, el significado aplicado al rey fue el que dejó su impronta más profunda en las tradiciones y visiones proféticas del pueblo judío.

¿Qué significaba ser un "ungido"? Significa que el rey, al ser "ungido con el aceite", era penetrado por el Espíritu de Dios:

> ...mañana a esta misma hora te enviaré un hombre de la tierra de Benjamín, y le ungirás por caudillo de mi pueblo de Israel; y él salvará a mi pueblo de las manos de los filisteos; porque yo he vuelto mis ojos hacia el pueblo mío, por cuanto sus clamores han llegado hasta mí. (Sam. IX, 16) ... entonces sacó Samuel una redomita de óleo, o bálsamo, y derramola sobre la cabeza de Saúl, y besole diciendo: he aquí que el Señor te ha ungido para príncipe sobre su herencia, y tú librarás a su pueblo de las manos de sus enemigos que lo rodean. Esta señal tendrás de que Dios te ha ungido para príncipe. (1 Sam. X, 1-10)... repúsoles Samuel: testigo es el Señor contra vosotros, y testigo su ungido en este día de que no habéis hallado nada que decir contra mi conducta. Respondieron: testigo. (1 Sam. XII, 4.)

Observamos en estas citas del Antiguo Testamento que la figura del Ungido se adjudicaba directamente a la figura del rey, bajo la premisa del aspecto político, no profético ni de expectativa ultraterrena; es decir, el Ungido era alguien capacitado para guiar a su pueblo hacia el cumplimiento de su destino como nación y, en este caso, también cumplía la misión de ser el liberador de la opresión extranjera. En este sentido existen ciertas hipótesis que postulan la existencia de un caudillo puramente político y que debía de haber pertenecido al grupo de los zelotes, fanáticos y sicarios de la ley que deseaban instaurar en Israel una teocracia en la que no habría más rey que Dios y no habría maestros sino jueces simplemente. Los zelotes constituían la fracción política militante de los esenios, de los que por último se separaron. La gente sencilla del pueblo creía que los esenios eran los depositarios más viables o garantes de que la presencia del mesías podía ser un hecho real y garantizaría la liberación del férreo tubo de la dominación extranjera.

Así, en una isocronía, hasta cierto punto extraña y espectacular, coincidieron en la necesidad de cambios radicales exigidos por el pueblo, el punto de vista puramente político y el aspecto salvífico y de redención, como una demanda que, de lo puramente religioso, tendría que derivarse hacia lo político: política y religión se fundieron en la expectativa y formaron una sola unidad en que ambas necesidades se fundieron en la visión popular y donde creyeron ver a un enviado de Dios; donde vieron, más bien, a alguien con la capacidad ideológica y política para guiarlos hacia la liberación, como ocurrió con el caso de Jesús; dos necesidades, una sola gran esperanza; la salvación del pueblo estaba, desde ese punto de vista, por encima de la salvación del alma.

> Que diste grandes victorias a tu rey, e hiciste misericordia con tu ungido David y su descendencia para siempre… (Salmos XVII, 51) … pues ha nacido un PARVULITO para nosotros, y se nos ha dado un hijo, el cual lleva sobre sus hombros el principado, con la divisa del rey, y tendrá por nombre el Admirable, el Consejero, Dios, el Fuerte, el Padre del siglo venidero, el Príncipe de la Paz. (Isaías IX, 6.)

Al ser el siglo I d. C. una época de gran agitación social y religiosa, no pudo evitarse la proliferación de falsos profetas que vinieron a agitar aún más la expectativa mesiánica, de tal suerte que cuando Jesús hizo su aparición a los 30 años, en torno suyo se vivía una gran agitación; todo esto sirvió para que los intérpretes y analistas de la época comenzaran a ver una serie de coincidencias salvíficas en torno a su figura: los 40 días de Jesús pasados en el desierto hacían recordar los 40 años de peregrinaje del pueblo israelí buscando la tierra prometida; el retiro al desierto de Jesús también asemejaba el retiro anunciado por los profetas como la preparación del camino a Yahvé; Jesús fue tentado en el desierto y al darle respuesta al tentador hizo referencia a aspectos concretos que ya estaban dichos en el Viejo Testamento: la gula del pueblo judío, su pecado de desconfianza y la idolatría.

En todo ello se adivina, desde el principio, una intención deliberada por parte de los evangelistas y los copistas anónimo sucesivos de integrar en Jesús la expectativa mesiánica, es decir, el Mesías sería el vencedor del principio del mal que trajo la muerte espiritual a la humanidad, tal como se puede apreciar en Génesis III, 14-15:

> Dijo entonces el señor Dios a la serpiente: "Por cuanto hiciste esto, maldita tú eres, o seas, entre todos los animales y bestias de la tierra: andarás arrastrándote sobre tu pecho, y tierra comerás todos los días de tu vida. Yo pondré enemistades entre ti y la mujer, y entre tu raza y la descendencia suya: ella quebrantará tu cabeza y tú andarás acechando a su calcañar".

Así observamos que coinciden en la figura de Jesús el aspecto mesiánico, más por voluntad de los anónimos redactores del Antiguo Testamento que quisieron fundirlo en un modelo más vasto y complejo de expectativa ultraterrena; es decir, Jesús es la vía de la verdadera redención de la carne.

11. ¿Realmente murió Jesús crucificado y resucitó al tercer día?

Otro de los elementos casi irrebatibles en relación con la vida y la muerte del Maestro es el que se refiere a su muerte en la cruz. Los Evangelios y los testimonios evangélicos coinciden en admitir que Jesús en realidad murió en la cruz, todo ello reforzado, por ejemplo, por el Evangelio de san Juan:

> Los judíos, como era el día de la Parasceve, para que no quedasen los cuerpos en la cruz el día sábado, rogaron a Pilatos que le rompiesen las piernas y los quitasen. Vinieron, pues, los soldados y rompieron las piernas al primero y al otro que estaban crucificados con él; pero llegando a Jesús, como le vieron ya muerto, no le rompieron las piernas, sino que uno de los soldados le atravesó con su lanza al costado, y al instante brotó sangre y agua. (S. Juan XIX, 31-34).

De acuerdo con la ley judía, los crucificados no debían permanecer colgados durante la noche, además el sábado comenzaba a partir de las seis de la tarde, según los testimonios, por eso rogaron a Pilatos que les quebrasen las piernas y los bajasen, aplicando la técnica conocida en la época, muy cruel por cierto, del *crucifragium,* qué consistía en que mediante golpes de garrote se le rompiían las articulaciones inferiores al condenado, lo que impedía que el cuerpo descansara en el "sedil", procurando de manera inmediata la muerte por insuficiencia cardiaca. Esta incruenta técnica se les aplicó a Dimas y a Gestas y les produjo la muerte. A Jesús no se le aplicó el *crucifragium* porque lo habían dado por muerto cuando se acercaron a su cuerpo. Por lo tanto se debía proceder a su entierro. Según Marcos XV, 42-47:

> Al caer el sol (por ser aquel día la Parasceve, o día de preparación que sería el sábado), fue José de Arimatea, insigne consejero, el cual esperaba también el reino de Dios, y entró a ver a Pilatos, y pidió el cuerpo de Jesús, Pilatos, admirado de que tan pronto hubiese muerto, hizo llamar al centurión y le preguntó si efectivamente era muerto. Y habiéndole asegurado que sí el centurión, dio el cuerpo a José. José, comprada una sábana, bajó a Jesús de la cruz y le envolvió en una sábana, y le puso en un sepulcro abierto en una peña, y arrimando una piedra, dejo así con ella cerrada la entrada.

Un aspecto interesante de esta fase de la muerte del Salvador se pone en relieve: que siempre ha existido la sospecha de que entre Jesús y Pilatos, más allá de la distancia propia que debe existir entre un conquistador y un conquistado, había florecido una amistad secreta, pues Poncio Pilatos había reconocido la magnificencia de Jesús y la grandeza de su cometido; así que él se lavara las manos ante la insistencia de los humos sacerdotes del Sanedrín, más que una acción de arrepentimiento por una injusticia manifiesta, fue un acto de abierta expresión de oposición hacia el sacrificio de un hombre, cuyos hechos hasta ese momento habían puesto de manifiesto una santidad y una fortaleza de espíritu inusitada para una persona cualquiera. Por ello, Pilatos le pide al centurión que le confirme que en efecto ha muerto Jesús, y además decide entregar su cuerpo no a sus enemigos, sino a José de Arimatea, notable personaje de la localidad y abierto amigo de Pilatos, y quien además era discípulo secreto de Jesús.

Vemos en ello un elemento más para la polémica y el enigma, por cuanto la leyenda de José de Arimatea revivió plenamente en el siglo XI en la Europa medieval, gracias a otro misterio: el enigma del Santo Grial. La tradición señala como su primer depositario precisamente a José de Arimatea.

La tumba que el de Arimatea tenía dispuesta para el redentor era notable que fuese espaciosa y que permitiese respirar libremente. Lo que ha dado lugar a una serie de conjeturas de que, efectivamente, Jesús no murió en la cruz, sino que sobrevivió gracias a una mezcla especial a manera de ungüento, de mirra y aloe, del que se dice que junto con otros componentes secretos tiene ciertas y muy peculiares virtudes curativas que, tras descargar el cuerpo de la cruz, a las pocas horas de supuestamente haber muerto, la mayoría de los estudiosos se inclinan a pensar que dadas las singulares características de Jesús, similares a las de un yogui, hubiese podido aguantar perfectamente el difícil trance de la crucifixión y con la ayuda atenta de José de Arimatea y el ungüento misterioso, el cual es conocido precisamente como el "ungüento de Jesús" o "del profeta", se hubiese repuesto de las heridas, lo cual inclina a pensar que cuando Jesús fue depositado en la sepultura, en realidad estaba vivo. Otro aspecto en el que no hay uniformidad de los Evangelios es el que se refiere al de la tumba vacía.

Marcos menciona que muy de madrugada acudieron María Magdalena, María, la de Santiago, y Salomé a comprar aromas para ungir el cuerpo de Jesús en el sepulcro; cuando llegaron, vieron removida la piedra muy grande, entraron al sepulcro y vieron a un joven sentado a la derecha, vestido con una túnica blanca, lo que les hizo quedar sobrecogidas de espanto. Este hombre les dijo que no se asustaran, que si buscaban al Nazareno no lo iban a encontrar porque había resucitado, lo que las asustó aún más y salieron huyendo del sepulcro vacío. San Juan sólo consigna: "María Magdalena, dirigiéndose al sepulcro el domingo, al llegar vio la piedra removida y el sepulcro vacío y corrió a avisar a Simón, Pedro y a Juan". Por su parte, Lucas refiere una historia similar a la de Marcos, sólo que en lugar de un hombre joven, las mujeres vieron a dos hombres con vestiduras deslumbrantes ante cuya presencia se sintieron aterrorizadas.

Ellos les dijeron: "¿Por que buscáis entre los muertos al que vive? No está aquí, ha resucitado". Fueron a avisarles a los discípulos y sólo Pedro les creyó: fue al sepulcro y vio los lienzos abandonados. Mateo consigna que estaba por amanecer el primer día de la semana cuando María Magdalena junto con la otra María fueron a ver el sepulcro. Estando allí sobrevino un gran terremoto debido a que un ángel bajó del cielo y acercándose removió la piedra del sepulcro y se sentó sobre ella. Los guardias temblaron de miedo y este ángel invitó a las mujeres a pasar para verificar que el sepulcro estaba vacío, pues Jesús había resucitado. Para especialistas e investigadores serios, el asunto de la muerte de Jesús es otro más de los enigmas que rodean a este hombre fuera de serie: si murió o no murió, si tuvo una serie de capacidades completamente fuera de lo común o si simplemente el asunto de su muerte fue uno más de los temas que la Iglesia adaptó para sus necesidades ecuménicas.

12. ¿Existen similitudes entre el contenido de las enseñanzas de Jesús y otras enseñanzas antiguas?

Todo parece indicar que la respuesta es afirmativa. Curiosamente, esta pregunta más que cuestionar, propone en realidad realizar un pequeño ejercicio de conciliación a la manera de quien revisa que las cuentas de una oficina concuerden entre sí. Por desgracia, cuando se es creyente de una religión, por lo general no se tiene la posibilidad de tener un acercamiento, por diversos factores que no vamos a mencionar aquí, con otras religiones para poder verificar que sus preceptos, sus enseñanzas, tienen en realidad más puntos de coincidencia entre sí, porque todas buscan más que nada que el individuo que las procesa tenga un verdadero despertar del alma hacia el encuentro con el espíritu.

Cabe recordar el famoso proverbio que dice: "Todos los caminos llevan a Roma", de donde inferimos que toda religión verdadera conducirá siempre a la transformación integral del individuo, en la paz, en la armonía y la verdad, elevando su propia conciencia. Se han seleccionado algunos trozos del budismo, el *Corpus Herméticum* de Hermes, del *Bahagavad Gita* y de los Evangelios para establecer una pequeña comparación:

A)

1. "El hombre juicioso, siempre devoto que adora al Uno, es el mejor; porque el sabio me ama por sobre todas las cosas y yo también le amo" (*Bahagavad Gita,* VII, 17.)

2. "Abrázame con todo tu corazón y con toda tu mente, y cualquier cosa que quisieras aprender te la enseñaré." (*Corp. Herm.*, II, 2.)

3. "El que reflexiona y medita recibe amplia alegría". (Dhamanapada.)

4. "Amarás al Señor tu Dios con todo tu corazón y con toda tu alma y con todo tu entendimiento." (Mateo XXII, 37.)

B)

1. "Yo nunca fui no-existente, ni tú, ni aquellos gobernadores de hombres, ni cesará de ser después ninguno de nosotros." (*Bahagavad Gita,* II, 12.)

2. "Yo soy la Luz, la Mente, tu Dios, soy antes de que la naturaleza húmeda saliera de la oscuridad, y aquella brillante palabra llena de luz es el hijo de Dios." (*Corp. Herm.* 11. 8.)

3. "El que ha atravesado este mundo nebuloso e imperioso y su vanidad, que ha alcanzado la otra orilla y que es atento, sincero, libre de dudas, libre de apego y contento, a él llamo en verdad Brahamana." (Dhamanapada).

4. "Antes que Abraham hubiese nacido, yo soy." (Juan VIII, 58.)

C)

1. "El que extendió este todo no puede nunca perecer. Nadie puede causar la destrucción de lo Eterno." (*Bajagavad Gita* II, 17).

2. "¿Qué es Dios? El bien inmutable e inalterable". (*Corp. Herm.* 1, 22.)

3. "El que se refugia en la Ley Eterna queda libre de todo dolor." (Dhamanapada.)

4. "El Cielo y la Tierra se mudarán, pero mis palabras no faltarán." (Lucas XXI, 33.)

D)

1. "Así cómo un hombre, después de abandonar sus vestidos viejos, toma otros nuevos, así el alma incorporada después de abandonar los cuerpos viejos, entra en otros nuevos." (*Bahagavad Gita*)

2. "Aquello que es inmutable es eterno, aquello que siempre se hace, siempre se corrompe." (*Corp. Herm.* II, 22-23).

3. "Aquel que sabe que su cuerpo es como espuma y que ha aprendido que es insustancial como un espejismo, quebrará la flecha de Mara y jamás verá al rey de la muerte." (Dhamanapada).

4. "Lo que ha nacido de la carne, carne es, y lo que ha nacido del Espíritu, espíritu es". (Juan III, 6).

Jesús, el milagro del amor

Además de todos los vínculos que la historia de Jesús parece tener con el misterio y el enigma, queda una cosa muy clara en su presencia: la calidad de su enseñanza rebasa por completo cualquier especulación, cualquier intento de adjudicarle aspectos que sobrepasan a veces ciertas posibilidades de comprensión.

Hay dos Jesús frente a frente: uno, el que desde el establecimiento de la Iglesia oficial ha ejercido una especie de hegemonía religiosa, por cuanto el dogma en que está fundada no admite ninguna posibilidad de ser ni cuestionado ni mucho menos revisado. Así se acuñó su figura, y así ha sido aceptado desde hace 1,500, más allá de todo.

El otro Jesús es el que se hunde en las brumas del tiempo y del misterio, cuya propia vida es para el buscador sincero un enigma que desafía el paso de las edades, el que detrás de su figura esconde un mundo de posibilidades aparentemente imposibles, pero que al final tiene su sustento en la esperanza de alcanzar la liberación más allá de las certezas visibles. En medio de estos dos rostros esculpidos por el tiempo y la devoción, permanecen las palabras del Maestro que expresan de manera contundente conceptos esenciales para la comprensión y evolución del hombre occidental: el amor, la verdad y la pureza del corazón. Todo ello sustentado en el anhelo último del buscador de la verdad que es servir a Dios de una vez y para siempre en cuerpo, alma y espíritu.

El amor, por lo tanto, en Jesús constituye la piedra angular del edificio que sus enseñanzas construyeron para la transformación integral del hombre, no a la manera de Pedro, constructor de la Iglesia Militante, jerárquica, institucional, la que constituye el *corpus* legislativo y ejecutivo de una religión externa y cargada con una presencia social cuyas raíces se hunden en la historia, agitada y convulsa, que siempre termina siendo dictada por los vencedores, que imponen leyes e instituciones para hacerlas cumplir; no, esta otra piedra es intemporal y se sienta en el alma del devoto sincero, del verdadero amante de Jesús, anheloso de trascender los límites de la temporalidad, porque sabe que el amor que viene de Jesús es perenne, es el sustento de la creación entera; es el soporte natural de la vida, es la consecuencia directa del peregrinar del alma del hombre. ¿En donde, sino en el amor, donde el alma alcanza alturas inmarcesibles? Hablamos de este amor, esencial, místico, y sublime, transformador absoluto de la conciencia, que Jesús puso en las manos del ser humano, ya no como hijo del hombre, sino como verdadero hijo de Dios.

La palabra amor proviene del griego Eros y Ágape, y de latín *amor* y *caritas*, que significan "amor, afecto, ternura". Esta es una de las palabras que en cualquier idioma tiene múltiples significados. También significa la expresión de una relación entre seres humanos que implica concordia, solidaridad; significa "unir", no separar.

Por lo cual, de las palabras de Jesús puede establecerse una distinción claramente: Jesús representa el amor verdadero de quienes participan y desean establecer entre sí un principio de unión y de concordia, en que una o ambas partes reciben recíprocamente del beneficio; de su acto, el cual se refleja directamente en la mejora de la calidad de vida, y qué mejor aspecto puede producir la palabra y las enseñanzas del Maestro que mejorar la calidad de la vida humana. Por ello, las demás expresiones, aunque impropiamente se les llame amorosas, expresan a la luz de las enseñanzas de Jesús más que la mejora de una calidad de vida, la satisfacción de un deseo cualquiera: de poder, trabajo, dinero o notoriedad; por ello, impropiamente se utiliza la palabra amor para expresar estos actos.

El amor verdadero es más bien la expresión capaz de guiar correctamente al alma en medio de los peligros que la acechan para que sea la intermediaria entre el cuerpo y el espíritu, y esa es la verdad que Jesús nos vino a enseñar. De ahí que él encarne la mejor expresión del amor, aquel que es capaz de estimular un sacrificio por el logro de un bien común. Tal vez una de las mejores expresiones amorosas de la enseñanza y la doctrina de Jesús, la encontramos en el Evangelio, en el Sermón de la Montaña. (Mateo V, 1-22):

> Y viendo las multitudes, subía un monte y sentándose Él, se llegaron a Él sus discípulos. Y abriendo la boca, les enseñaba diciendo: "Bienaventurados los pobres en espíritu porque de ellos es el Reino de los Cielos. Bienaventurados los que lloran, porque ellos recibirán consolación. Bienaventurados los mansos porque ellos recibirán la tierra por heredad. Bienaventurados los que tienen hambre y sed de justicia, porque ellos serán saciados. Bienaventurados los misericordiosos, porque ellos alcanzarán misericordia. Bienaventurados los de corazón puro, porque ellos verán a Dios. Bienaventurados los

> pacificadores porque ellos serán llamados Hijos de Dios. Bienaventurados los que padecen persecución por causa de la justicia, porque de ellos es el Reino de los Cielos. Bienaventurados sois vosotros cuando os vituperen y os persiguieren y dijeren de vosotros toda suerte de mal por mi causa, mintiendo. ¡Regocijaos y llenaos de júbilo porque grande es vuestro galardón en los Cielos! Pues así persiguieron a los profetas antes de vosotros".

En estas profundas palabras, breves pero penetrantes, podemos apreciar de manera clara cómo la palabra se transforma en acto y el acto en expresión profunda del amor, porque el mismo realizó uno de los máximos actos de amor: morir en la cruz para la redención de los pecados de todos los hombres, librar el alma de sus errores y hacerla capaz de servir de vehículo para la divinidad.

> Se dice que el amor en su verdadera expresión mueve al mundo, más que ninguna otra fuerza; sin duda, Jesús expresa mejor que nadie la belleza, la intensidad y la profundidad de esta gigantesca palanca. Leemos: "No tengáis otra deuda con nadie que la del amor que nos debéis siempre unos a otros; puesto que quien ama al prójimo tiene cumplida la Ley. Amarás a tu prójimo como a ti mismo…" El amor que se tiene al prójimo no sufre aunque se le haga daño alguno. Y así, el amor es el cumplimiento de la Ley. (San Pablo, Carta a los Romanos XIII, 8 y ss.)
>
> Carísimos, amémonos los unos a los otros; porque la caridad procede de Dios. Y todo aquel que ama, es hijo de Dios y conoce a Dios. Que no tiene amor no conoce

> a Dios, puesto que Dios es Caridad. En esto se demostró la caridad de Dios hacia nosotros: en que Dios envió a su Hijo Unigénito, para que por Él tengamos la vida. (Carta de San Juan IV, 7 y ss.)

En medio de todas estas efusivas pruebas, expresiones y testimonios, Jesús nos enseña que el verdadero amor comienza por el sacrificio individual y luego, cuando éste se hace colectivo, es decir, el uno se sacrifica por los muchos, se vuelve verdaderamente la expresión que hace que el amor siga siendo la piedra angular de toda razón de ser, de toda razón de existir en todos los reinos de la naturaleza: cuando uno es capaz de sacrificarse por todos se está en el umbral de la verdadera gloria; por ello, el sacrificio de Jesús significó la redención del hombre en el amor. Uno se preguntará: ¿por que se sacrificó Jesús por todos nosotros? ¿Por que no habría de hacerlo? Porque con su sacrificio puso en marcha el misterio más sublime que es el milagro del amor: Jesús es el milagro de amor viviente, eterno, imperecedero; es el amor que nos empuja hacia el cielo porque proviene de su presencia, de sus palabras divinas, de la capacidad que alienta y nosotros para transformarnos profundamente, porque él, con su sacrificio, puso en claro de manera contundente que dejó de ser hijo del hombre para convertirse en hijo de Dios y quiso que fuera esto un legado para la humanidad, un milagro perenne de amor.

"Lo amamos, porque Él primero nos amó." (S. Juan IV, 19.)

Bibliografía

Aticus-Guillermo Flores, *¿Quién fue realmente Jesucristo Nazarus?,* 1a ed., México, Posada (Col. Duda Semanal), 1975.

Ambelain, Robert, *Los secretos del Gólgota,* México, Roca, 1986.

—*El hombre que creó a Jesucristo,* México, Roca, 1992.

Aristóteles, *Ética nicomaquea,* 1a ed., México, Editores Mexicanos Unidos, 1999.

Bailey, Alice, *Iniciación humana y solar,* Barcelona, Centro de Estudios Sophía, 1932.

Barceló Roldán, Juan, *Jesús y la estafa de Cachemira,* Barcelona, Plaza y Janés, 1979.

Blavatsky, H.P., *La doctrina secreta,* Vol. V. Argentina, Kier, 1987.

—*Glosario teosófico,* México, Librería Teocali, 1984.

Bessant, Annie, *Cristianismo esotérico,* México, Orión, 1984.

La sagrada Biblia. Traducción de la Vulgata Latina. México, Libreros Mexicanos Unidos, 1958.

Cassirer, Ernest, *El problema del conocimiento,* 2a. reimpresión, México, FCE, 1974.

—*La antropología filosófica,* 3a. reimpresión, México, FCE, (Col. Popular, núm. 41), 1975.

Catecismo de perseverancia, Saturnino Calleja (compendio) Madrid, (s. e.) 1900.

Compendio de historia sagrada, México, Progreso, 1982.

Diccionario latín-español, español-latín, México, Vox, 1990.

Diccionario enciclopédico abreviado, 7a. ed., Madrid, Espasa-Calpe, 1957.

Nicola, Abbagnano, *Diccionario de filosofía,* 2a. ed., México, FCE, 1974.

Enciclopedia Time-Life, 5a. ed., México, 1987.

Evangelios canónicos-Sinópticos, Antigua versión de Cipriano de Valera, Glasgow, La Sociedad Bíblica de Escocia, 1935.

Evangelios apócrifos, 3 tonos, Madrid, librería Bergua, 1934.

Evangelios apócrifos, México, Porrúa (Col. Sepan cuantos..., núm. 602), 1992.

Evangelios gnósticos, Los, versión de César Vidal Manzanares, México, Roca, 1994.

Eckartshausen, Carlos de, *La nube sobre el santuario,* Buenos Aires, Kier, 1951.

Faber-Kaiser, Andreas, *Jesús vivió y murió en Cachemira,* Barcelona, A.T.E., 1976.

Guignebert, Charles, *El cristianismo antiguo,* 2a. reimpresión, México, FCE, (Col. Breviarios. núm. 114), 1975.

—*El cristianismo medieval y moderno,* 1a. ed., México, FCE, (Col. Breviarios, núm. 126), 1957.

Hartman, Franz, *Vida de Yehoshua,* Buenos Aires, Kier, 1959.

Hogarth, D.G., *El antiguo Oriente,* 3a. reimpresión, México, FCE, (Col. Breviarios, núm. 49), 1974.

Instrucción religiosa, Buenos Aires, Don Bosco, 1960.

Jiménez M. Bonhomme F., *Los documentos de Qumrán,* Madrid, Cristiandad (Col. El libro de bolsillo), 1976.

Jaeger, Werner, *Paideia,* 3a. reimpresión, México, FCE, 1974.

—*La teología de los primeros filósofos griegos,* 2a. reimpresión, México, FCE, 1980.

Notovich, Nicolás, *La vida secreta de Jesucristo,* 1a. edición, México, Coatl Editores, 1981.

Platón, *Diálogos,* México, Porrúa (Col. Sepan cuantos...), 1981.

Río, Eduardo del, *Cristo de carne y hueso,* 1a. ed., México, Posada (Col. Duda semanal), 1972.

Ragon, J. M. *La misa y sus misterios,* México, Ed. Valle de México, Fetes religieuse, anciennes compareés aux fetes modernes. E . Dentu, Libraire-Editeur, París, 1882.

Rubio Barrera, Diego, *Jesucristo, el gran desconocido,* México. A.T.E, Roca 1985.

Schure, Eduardo, *Los grandes iniciados,* México, Olimpo, 1970.

San Agustín, *La ciudad de Dios,* México, Porrúa (Col. Sepan cuantos..., núm. 59), 1990.

San Alfonso María de Ligorio, *El amor del alma,* Sevilla, Mariano, apostolado. (s.e.)

San Juan, *Apocalipsis,* 1a. ed., Barcelona, Bruguera, 1981.

Santo Tomás de Aquino, *Suma teológica* (selección). 21a reimpresión, (s.l.i.) Espasa-Calpe mexicana, 1988.

—*Suma teológica,* Enciclopedia Britannica Inc, (Great Books), 24a ed. Vols. I y II, núm. 19 y 20. Chicago, 1982.

Seznec, Jean, *Los dioses de la Antigüedad,* 3a. reimpresión, Madrid, Taurus-Alfaguara, 1987.

Vico, Giambatista, *Principios de una ciencia nueva,* México, FCE (Col. Popular, núm. 178), 1978.

Wilson, Edmond, *Los rollos del Mar muerto,* 2a. edición. México, FCE (Col. Breviarios, núm. 124), 1977.

Zar-Adusth, Ha'nish Yehoshua Nazir, Otoman *La vida de Cristo,* (edición del autor), México, Imprenta Eugenia, 1984.

Índice

Impreso en Litográfica Ingramex, S.A. de C.V.
Centeno 162-1, Col. Granjas Esmeralda,
C.P. 09810, Ciudad de México.